对外汉语本科系列教材
语言技能类（一年级）

# 汉语阅读教程

## 第 一 册

彭志平　编

北京语言大学出版社

（京）新登字 157 号

图书在版编目（CIP）数据

汉语阅读教程　第 1 册/彭志平编著．
－北京：北京语言大学出版社，2005 重印
ISBN 7－5619－0686－2

Ⅰ．汉…

Ⅱ．彭…

Ⅲ．对外汉语教学－阅读教学－教材

Ⅳ．H195.4

中国版本图书馆 CIP 数据核字（98）第 36236 号

书　　　名：汉语阅读教程　第 1 册
责任印制：汪学发

出版发行：北京语言大学出版社

社　　　址：北京市海淀区学院路 15 号　邮政编码 100083
网　　　址：http：//www.blcup.com
电　　　话：发行部　82303648/3591/3651
　　　　　　编辑部　82303647
　　　　　　读者服务部　82303653/3592
印　　　刷：北京时事印刷厂
经　　　销：全国新华书店

版　　　次：1999 年 5 月第 1 版　2005 年 6 月第 6 次印刷
开　　　本：787 毫米×1092 毫米　1/16　印张：12.75
字　　　数：169 千字　　印数：33001－43000
书　　　号：ISBN 7－5619－0686－2/H·9849
定　　　价：26.00 元

凡有印装质量问题本社负责调换，电话：82303590

# 序

李　杨

　　教材是教育思想和教学原则、要求、方法的物化,是教师将知识传授给学生,培养学生能力的重要中介物。它不仅是学生学习的依据,也体现了对教师进行教学工作的基本规范。一部优秀的教材往往凝结着几代人的教学经验及理论探索。认真编写教材,不断创新,一直是我们北京语言文化大学的一项重点工作。对外汉语本科教育,从1975年在北京语言学院(北京语言文化大学的前身)试办现代汉语专业(今汉语言专业)算起,走过了二十多年历程。如今教学规模扩大,课程设置、学科建设都有了明显发展。在总体设计下,编一套包括四个年级几十门课程的系列教材的条件业已成熟。进入90年代,我们开始了这套教材的基本建设。

　　北京语言文化大学留学生本科教育,分为汉语言专业(包括该专业的经贸方向)和中国语言文化专业。教学总目标是培养留学生熟练运用汉语的能力,具备扎实的汉语基础知识、一定的专业理论与基本的中国人文知识,造就熟悉中国国情文化背景的应用型汉语人才。为了实现这个目标,学生从汉语零起点开始到大学毕业,要经过四年八个学期近3000学时的学习,要修几十门课程。这些课程大体上分为语言课,即汉语言技能(语言能力、语言交际能力)课、汉语言知识课,以及其他中国人文知识课(另外适当开设体育课、计算机课、第二外语课)。为留学生开设的汉语课属于第二语言教学性质,它在整个课程体系中处于核心地位。教学经验证明,专项技能训练容易使某个方面的能力迅速得到强化;而由于语言运用的多样性、综合性的要求,必须进行综合性的训练才能培养具有实际意义的语言能力。因此在语言技能课中,我们走的是综合课与专项技能课相结合的路子。作为必修课的综合课从一年级开到四年级。专项技能课每学年均分别开设,并注意衔接和加深。同时,根据汉语基本要素及应用规律,系统开设汉语言本体理论知识课程。根据中国其他人文学科如政治、经济、历史、文化、文学、哲学等基础知识,从基本要求出发,逐步开设文化理论知识课程。专业及专业方向从三年级开始划分。其课程体系大致是:

**一年级**

　　汉 语 综 合 课:初级汉语

汉语专项技能课:听力课、读写课、口语课、视听课、写作课
**二年级**
    汉 语 综 合 课:中级汉语
    汉语专项技能课:听力口语、阅读、写作、翻译、报刊语言基础、新闻听
              力
    汉 语 知 识 课:现代汉语语音、汉字
    文 化 知 识 课:中国地理、中国近现代史
**三年级**
    汉 语 综 合 课:高级汉语(汉语言专业)
               中国社会概览(中国语言文化专业)
    汉语专项技能课:高级口语、写作、翻译、报刊阅读、古代汉语;经贸口
              语、经贸写作(经贸方向)
    汉 语 知 识 课:现代汉语词汇
    文 化 知 识 课:中国文化史、中国哲学史、中国古代史、中国现代文
              学史;中国国情、中国民俗、中国艺术史(中国语言文
              化专业);当代中国经济(经贸方向)
**四年级**
    汉 语 综 合 课:高级汉语(汉语言专业)
               中国社会概览(中国语言文化专业)
    汉语专项技能课:当代中国话题、汉语古籍选读、翻译;
              高级商贸口语(经贸方向)
    汉 语 知 识 课:现代汉语语法、修辞
    文 化 知 识 课:中国古代文学史;中国对外经济贸易、中国涉外经济
              法规(经贸方向);儒道佛研究、中国戏曲、中国古代
              小说史、中外文化交流(中国语言文化专业)

    这套总数为50余部的系列教材完全是为上述课程设置而配备的,除两部高级汉语教材是由原教材修订并入本系列外,绝大部分都是新编写的。

    这是一套跨世纪的新教材,它的真正价值属于21世纪。其特点是:

    1. 系统性强。对外汉语本科专业、年级、课程、教材之间是一个具有严密科学性的系统,如图(见下页):

    整套教材是在系统教学设计的指导下完成的,每部教材都有其准确的定性与定位。除了学院和系总体设计之外,为子系统目标的实现,一年级的汉语教科书(10部)和二、三、四年级的中国文化教科书(18部)均设有专门的专家编委会,负责制定本系列教材的编写原则、方法,并为每一部教材的质量负责。

    2. 有新意。一部教材是否有新意、有突破,关键在于它对本学科理论和本

课程教学有无深入的甚至是独到的见解。这次编写的整套教材,对几个大的子系列和每一部教材都进行了反复论证。从教学实际出发,对原有教材的优点和

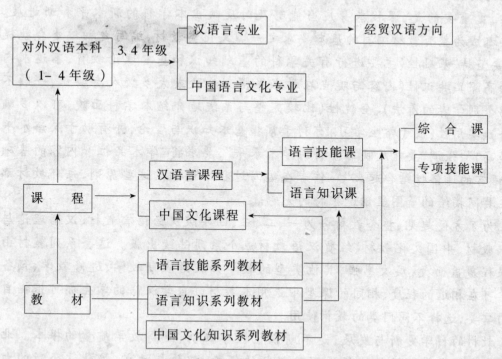

缺点从理论上进行总结分析,根据国内外语言学、语言教学和语言习得理论以及中国文化诸学科研究的新成果,提出新思路,制定新框架。这样就使每一个子系列内部的所有编写者在知识与能力、语言与文化、实用性与学术性等主要问题上取得共识。重新编写的几十部教材,均有所进步,其中不少已成为具有换代意义的新教材。

3. 有明确的量化标准。在这套教材编写前和进行过程中,初、中、高对外汉语教学的语音、词汇、语法、功能、测试大纲及语言技能等级标准陆续编成,如《中高级对外汉语教学等级大纲》(1995年,孙瑞珍等)、《初级对外汉语教学等级大纲》(1997年,杨寄洲等)。一年级全部教材都是在这些大纲的监控下编写的,二、三、四年级汉语教材也都自觉接受大纲的约束,在编写过程中不断以大纲检查所使用的语料是否符合标准,是否在合理的浮动范围内。中国文化教材中的词汇也参照大纲进行控制,语言难度基本上和本年级汉语教材相当,使学生能够在略查辞典的情况下自学。这样就使这套教材在科学性上前进了一步。

4. 生动性与学术性相结合。本科留学生是成年人,至少具有高中毕业的文化水平,他们所不懂的仅仅是作为外语的汉语而已。因此教材必须适合成年人的需要并具有相当的文化品位。我们在编写各种汉语教材时,尽可能采用那些能反映当代中国社会和中国人的生活、心态的语料和文章,使学生能够及时了

解中国社会生活及其发展变化，学到鲜活的语言。一些入选的经典作品也在编排练习时注意着重学习那些至今依然富有生命力的语言，使教材生动、有趣味、有相对的稳定性。教材的学术性一方面表现为教材内容的准确和编排设计的科学，更重要的是，课程本身应当能够及时反映出本学科的新水平和新进展。这些都成为整套教材编写的基本要求之一。文化类教材，编写之初编委会就提出，要坚持"基础性(主要进行有关学科的基础知识和基本理论教育，不追求内容的高深)、共识性(内容与观点在学术界得到公认或大多数人有共识，一般不介绍个别学者的看法)、全貌性(比较完整与系统地介绍本学科面貌，可以多编少讲)、实用性(便于学生学习，有利于掌握基本知识与理论，并有助于汉语水平的提高)"，强调"要能反映本学科的学术水平"，要求将"学术品位和内容的基础性、语言的通俗性结合起来"。作者在编写过程中遵循了这些原则，每部教材都能在共同描绘的蓝图里创造独特的光彩。

为了方便起见，整套教材分为一、二、三、四年级汉语语言教材、汉语理论与知识教材、中国文化教材、经贸汉语教材五个系列陆续出版。这套系列教材由于课程覆盖面大，层次感强，其他类型的教学如汉语短期教学、进修教学、预备教学可在相近的程度、相同的课型中选用本教材。自学汉语的学生亦可根据自己的需要，选择不同门类的教材使用。

教材的科学更新与发展，是不断强化教学机制、提高教学质量的根本。北京语言文化大学汉语学院集近百位教师的经验、智慧与汗水，编就这套新的大型系列教材。相信它问世以后，将会在教学实践中多方面地接受教师与学生的检验，并会不断地融进使用者的新思路，使之更臻完善。

# 前　　言

　　《汉语阅读教程》(第一册)是一年级《汉语教程》(第一册)的配套教材。本书的编写内容包括：

　　　　生字

　　　　字——词——词组——句子

　　　　注释(有关的汉字知识介绍,第五课以后此项取消)

　　　　课文

　　　　练习

　　　　课外练习

　　1. 对外汉语阅读教学是从识读汉字开始的。"要阅读,首先要识字。"汉字是汉语书面语的文字符号,学习汉语一定要学习汉字。对大部分初学汉语的外国人来说,识记汉字是非常困难的。因此,在每一课第一部分安排了一定数量的汉字让学生认读。在给出汉字(字形)的同时,读音、意思(严格地说是词而不是字的外文翻译)也一并给出,目的是帮助学生建立汉字形——音——义之间的联系。

　　2. 词是由字组成的,词与词构成词组,词、词组是构成句子的单位。培养、训练学生认读词、词组的能力是培养阅读能力的第一步。词、词组的认读也要形——音——义结合,同时还要注意词重音、停顿等方面的练习。

　　3. 学生识记汉字的困难在于对汉字字形的特点、汉字的构成等没有足够的了解,因此,有必要向他们介绍一些有关汉字的知识,如:汉字的基本笔画、汉字的偏旁部首、汉字部件以及汉字结构等,这样有助于学生更快更好地识记汉字。

　　4. 认读字、词和句子是为阅读课文(语段或语篇)打基础的。因此,从第十九课开始,每一课在"字——词——词组——句子"一项中安排了"字词句扩展练习"。其中的句子多是常用句,而且大部分是由本课的词语扩展而成的,有的还将在下面的对话或短文中再次出现。这样做的目的是培养学生逐步扩大视距,为今后的阅读做准备。课文既有对话,也有短文。对课文的处理,建议老师带领学生朗读,让学生通过模仿进行语音、语调、停顿、重音等方面的练习,这样做也有助于学生对课文的理解。

　　5. 练习是本教材的一个重要组成部分。我们在练习中设计了有关字、词、词组的练习。其目的还是帮助学生识记汉字。

　　6. 本书安排了一项"课外练习",供学生复习巩固课堂所学内容之用。

　　本册书每课教学时间为1学时(50分钟)。

编　者

1998 年 3 月

# INTRODUCTION

*Chinese Reading Course* (Book I) is a supplementary course for *Chinese Course* (Book I). It is compiled on the following format:

Characters

Character – word – phrase – sentence

Texts

Notes (introduction to the relevant knowledge about Chinese characters in Lessons One through Five)

Exercises

Exercises after class

1. "You must learn words before you read." As the Chinese characters are the written symbols of the Chinese language, the TCFL teaching of reading always starts with the teaching of characters. But the learning of characters is relatively difficult for most foreign learners. In this consideration a certain number of new words are presented in the first section of each lesson of this course, accompanied by their pronunciations and meanings to enable the learners to establish the relationship between the form, pronunciation and meaning of the character.

2. As words and phrases are the units of a sentence, the first step to foster the reading ability is to train the learners to be able to read and understand words and phrases. In this process of learning attention should also be paid to the relationship between the form, pronunciation and meaning of a word and phrase, as well as the stress and pause.

3. As the learners' major difficulties in learning Chinese characters arise from their insufficient understanding of the characteristics of the forms and compositions of the characters, it is indispensable to introduce to the learners some knowledge concerning Chinese characters, such as their basic strokes, radicals, components and structures, to help the learners memorize the characters better and faster.

4. As the learning of characters, words and phrases is intended to lay a foundation for the reading of texts (segments or texts), "Building up sentences" is designed in each lesson from Lesson Nineteen, in which there are some sentences in daily use, and of them are expanded from the words learned in the lesson and some will show up in the following conversation and reading passage. The purpose of this design is to enlarge the learners' vision range and prepare the learners for future reading work. In handling the texts, the teachers are advised to tell the learners to read aloud after them and to imitate their pronunciation, tone, pause and stress, which will not only help the learners improve their pronunciation but also help them understand the text better.

5. One of the important parts of this course is the exercises, in which we have designed the exercises on characters, words and phrases, with the aim to help the learners memorize and understand Chinese characters.

6. "Exercises after class" is an item especially designed to help the learners review and consolidate what they have learned in class.

The suggested time to be spent on each lesson in the course is one teaching hour (50 minutes).

Compilers

March, 1998

# 目 录

# 目　录

# 第 一 课
## Dì - yī kè
# Lesson One

## 一、生字 Characters

| | | | | | | |
|---|---|---|---|---|---|---|
| 一 | yī | one | | 口 | kǒu | mouth |
| 五 | wǔ | five | | 白 | bái | white |
| 八 | bā | eight | | 马 | mǎ | horse |
| 大 | dà | big | | 女 | nǚ | woman |
| 不 | bù | no，not | | | | |

## 二、字——词——词组 Character — word — phrase

| | | | |
|---|---|---|---|
| 白——马 | 白马 | bái mǎ | white horse |
| 大——口 | 大口 | dà kǒu | big mouth |
| 大——马 | 大马 | dà mǎ | big horse |
| 不——白 | 不白 | bù bái | not white |

## 三、注释 Notes

汉字基本知识(一) Basic knowledge about Chinese characters(1)

1. 笔画(一) Strokes(1)

| 笔画<br>Stroke | 名称<br>Name | 运笔方向<br>Writing | 例字<br>Example |
|---|---|---|---|
| 、 | diǎn | ↘ | 不 |
| 一 | héng | ⇒ | 一　大 |

1

| 笔画<br>Stroke | 名称<br>Name | 运笔方向<br>Writing | 例字<br>Example |
|---|---|---|---|
| 丨 | shù | | 不 |
| 丿 | piě | | 八　白 |
| 乀 | nà | | 八　大 |

2. 书写规则(一) Rules for writing(1)

| 规则<br>Rule | 例字<br>Example |
|---|---|
| 从上到下<br>From top to bottom | 五(一　丁　五　五) |
| 从左到右<br>From left to right | 八(丿　八) |
| 先撇后捺<br>The down stroke to the left<br>before one to the right | 大(一　大　大) |

3. 汉字基本结构(一) Basic structures of Chinese characters(1)

独体字:

Single-component

characters

| 一 | 八 | 大 | 不 | 女 |
|---|---|---|---|---|

| 口 | 五 | 白 | 马 |
|---|---|---|---|

## 四、练习　Exercises

1. 描、写汉字　Trace and copy the following Chinese characters

| | | | | | | |
|---|---|---|---|---|---|---|
| 一 | ① 一 | 一 | 一 | 一 | | yī<br>one |
| 五 | ④ 一 丁 五 五 | 五 | 五 | 五 | | wǔ<br>five |
| 八 | ② 丿 八 | 八 | 八 | 八 | | bā<br>eight |
| 大 | ③ 一 ナ 大 | 大 | 大 | 大 | | dà<br>big |
| 不 | ④ 一 丆 丆 不 | 不 | 不 | 不 | | bù<br>not |
| 口 | ③ 丨 冂 口 | 口 | 口 | 口 | | kǒu<br>mouth |
| 白 | ⑤ ′ 丿 冃 白 白 | 白 | 白 | 白 | | bái<br>white |
| 马 | ③ 𠃌 马 马 | 马 | 马 | 马 | | mǎ<br>horse |
| 女 | ③ 𡿨 女 女 | 女 | 女 | 女 | | nǚ<br>woman |

注："描、写汉字"第二栏中左上角的数字为该汉字的总笔画数。

2. 根据拼音写汉字　Write out the Chinese characters according to the *pinyin*

bù　　　　　bái　　　　　yī　　　　　dà　　　　　wǔ

不　　　　　白　　　　　一　　　　　大　　　　　五

kǒu　　　　　mǎ　　　　　nǚ　　　　　bā

口　　　　　马　　　　　女　　　　　八

3. 给下列汉字注音　Give *pinyin* for each of the following Chinese charactetrs

女　　　　　不　　　　　一　　　　　八　　　　　大

nǚ　　　　　bù　　　　　yī　　　　　bā　　　　　dà

3

口　　　　马　　　　白　　　　五

kǒu　　　　___　　　　___　　　　___

4. 在下列汉字中描出与左边相同的笔画　Trace in the following Chinese characters
the same strokes as those in the left column

| 一 : | 不 | 十 | 太 | 木 mù | 女 | 丁 dīng |
|---|---|---|---|---|---|---|
| 丨 : | 不 bù | 十 shí | 来 lái | 土 tǔ | 去 qù | 下 xià |
| 丿 : | 八 bā | 大 dà | 个 gè | 不 bù | 白 bái | 公 gōng |
| 丶 : | 八 | 天 tiān | 又 yòu | 今 jīn | 又 yòu | 来 lái |
| 、 : | 文 wén | 头 tóu | 小 xiǎo | 太 tài | 木 mù | 门 mén |

4

# 第 二 课　Lesson Two
Dì - èr kè

## 一、生字　Characters

| | | | | | | |
|---|---|---|---|---|---|---|
| 干 | gàn | to do | | 公 | gōng | public |
| 方 | fāng | square | | 办 | bàn | to do |
| 本 | běn | notebook | | 巴 | bā | * |
| 门 | mén | door | | 你 | nǐ | you |
| 东 | dōng | east | | 好 | hǎo | fine |
| 同 | tóng | same | | 吗 | ma | (a modal particle) |
| 反 | fǎn | inverse | | 吧 | ba | (a modal particle) |
| 工 | gōng | to work | | | | |

## 二、字——词——词组——句子
### Character — word — phrase — sentence

| | | | |
|---|---|---|---|
| 大——门 | 大门 | dàmén | gate |
| 东——方 | 东方 | dōngfāng | orient |
| 办——公 | 办公 | bàn gōng | handle official business |
| 门——口 | 门口 | ménkǒu | entrance |
| 不——同 | 不同 | bù tóng | different |
| 你——好 | 你好 | nǐ hǎo | Hi! Hello! |
| 你——好——吗 | 你好吗 | Nǐ hǎo ma | How are you? |
| 好——吧 | 好吧 | hǎo ba | O.K. |

---

* 有些汉字所表达的意思较多或较难准确翻译出来，这样的字不给翻译。下同。

# 三、注释  Notes

汉字基本知识(二)  Basic knowledge about Chinese characters(2)

## 1. 笔画(二)  Strokes(2)

| 笔画<br>Stroke | 名称<br>Name | 运笔方向<br>Writing | 例字<br>Example |
|---|---|---|---|
| 亅 | shùgōu | 刂丿 | 东  你 |
| ㇄ | piězhé | 𠃋 | 东 |
| ㇕ | héngzhé | ㇆ | 口  五 |
| ㇇ | héngpiě | ㇇ | 反 |
| ㇆ | héngzhégōu | ㇆ | 门  方  同 |

## 2. 书写规则(二)  Rules for writing(2)

| 规则<br>Rule | 例字<br>Example |
|---|---|
| 从外到里<br>From outside to inside | 同：冂 同，     间：门 间 |
| 先横后竖<br>Horizontal line first,<br>vertical line second | 干：一 二 干，   本：一 十 本 |
| 先中间后两边<br>First the middle part,<br>then the two sides | 东：一 𠂇 东，   办：力 办 |

6

3. 偏旁（一）Radicals（1）

| 偏旁<br>Radical | 名称<br>Name | 意义<br>Meaning | 例字<br>Example |
|---|---|---|---|
| 亻 | dānrénpáng | （亻旁的字多与人有关） | 你　他 |
| 女 | nǚzìpáng | （女旁字多与女性有关） | 好　妈 |
| 口 | kǒuzìpáng | （口旁字多与口有关） | 吗　喝 |

4. 部件（一）　Components（1）

口：　吗　　吧　　问

巴：　吧　　把　　爸

马：　吗　　妈　　骂

白：　百　　的　　怕

5. 合体字（一）Multi-component characters（1）

左右结构
Left-right
structure

你 | 亻 | 尔　好 | 女 | 子　吗 | 口 | 马

四、练习　Exercises

1. 描、写汉字 Trace and copy the following Chinese characters

| 干 | ③　一　二　干 | 干　干　干 |  |  | gàn<br>do |
|---|---|---|---|---|---|

7

| | | | | | | | | |
|---|---|---|---|---|---|---|---|---|
| 方 | ④ `丶 一 宁 方` | 方 | 方 | 方 | | | | fāng<br>square |
| 本 | ⑤ `一 十 才 木 本` | 本 | 本 | 本 | | | | běn<br>notebook |
| 门 | ③ `丶 门 门` | 门 | 门 | 门 | | | | mén<br>gate |
| 东 | ⑤ `一 左 车 东 东` | 东 | 东 | 东 | | | | dōng<br>east |
| 同 | ⑥ `丨 冂 冂 同` | 同 | 同 | 同 | | | | tóng<br>same |
| 反 | ④ `一 厂 反 反` | 反 | 反 | 反 | | | | fǎn<br>inverse |
| 工 | ③ `一 丁 工` | 工 | 工 | 工 | | | | gōng<br>to work |
| 公 | ④ `丿 八 公 公` | 公 | 公 | 公 | | | | gōng<br>public |
| 办 | ④ `刁 力 办 办` | 办 | 办 | 办 | | | | bàn<br>to do |
| 巴 | ④ `丁 丌 刁 巴` | 巴 | 巴 | 巴 | | | | ba |
| 你 | ⑦ `丿 亻 亻 亻 亻 你 你` | 你 | 你 | 你 | | | | nǐ<br>you |
| 好 | ⑥ `乚 女 女 妒 好 好` | 好 | 好 | 好 | | | | hǎo<br>fine |
| 吗 | ⑥ `口 吗` | 吗 | 吗 | 吗 | | | | ma<br>(a modal particle) |
| 吧 | ⑦ `口 吧` | 吧 | 吧 | 吧 | | | | ba<br>(a modal particle) |

2. 根据拼音写汉字  Write out the Chinese characters according to the *pinyin*

| mén | běn | gàn | gōng | bàn | tóng |
|---|---|---|---|---|---|
| 门 | 本 | 干 | 工 | 办 | 同 |

| fǎn | nǐ | hǎo | ma | fāng | ba |
|---|---|---|---|---|---|
| 反 | 你 | 好 | 吗 | 方 | 吧 |

3. 给下列汉字注音　Give *pinyin* for each of the following Chinese characters

工　　　　办　　　　干　　　　巴　　　　反　　　　同

gōng　　　fàng　　　gàn　　　bā　　　fǎn　　　tóng

本　　　　好　　　　你　　　　吗　　　　公　　　　东

běn　　　hǎo　　　nǐ　　　ma　　　gōng　　　dōng

4. 在下列汉字中描出与左边相同的笔画　Trace in the following Chinese characters the same strokes as those in the left column

丿：　你　　可　　小　　丁　　于　　行
　　　nǐ　　kě　　xiao　ding

乛：　口　　很　　五　　呢　　白　　是
　　　kou　hěu　wǔ　　n　　bai　shi

冂：　的　　们　　同　　习　　月　　阅
　　　　　　méu　toug　xī　　y

乀：　反　　多　　水　　汉　　久　　又
　　　　　　shuē　hàn　　　　　yo

5. 在下列汉字中描出与左边相同的部件　Trace in the following Chinese characters the same components as those in the left column

门：　们　　问　　阅　　简
　　　méu　wèn

工：　江　　贡　　左　　差
　　　　　　　　　　　　cha

方：　访　　放　　房　　游
　　　feny

## 第 三 课
### Dì - sān kè
# Lesson Three

## 一、生字　Characters

| | | | | | | |
|---|---|---|---|---|---|---|
| 几 | jǐ | several | 心 | xīn | heart |
| 九 | jiǔ | nine | 小 | xiǎo | small |
| 七 | qī | seven | 见 | jiàn | to see |
| 去 | qù | to go | 习 | xí | to practise |
| 西 | xī | west | 学 | xué | to study |
| 下 | xià | next , down | 汉 | Hàn | Han nationality |
| 且 | qiě | and | 语 | yǔ | language |
| 青 | qīng | green | | | |

## 二、字──词──词组　Character — word — phrase

| | | | |
|---|---|---|---|
| 大──小 | 大小 | dàxiǎo | size |
| 东──西 | 东西 | dōngxi | thing |
| 小──心 | 小心 | xiǎoxīn | careful |
| 学──习 | 学习 | xuéxí | to study |
| 汉──语 | 汉语 | Hànyǔ | Chinese language |
| 下──去 | 下去 | xià qù | to go down |
| 小──学 | 小学 | xiǎoxué | primary school |
| 大──学 | 大学 | dàxué | university |
| 同──学 | 同学 | tóngxué | classmate |
| 口──语 | 口语 | kǒuyǔ | spoken language |
| 学习──汉语 | 学习汉语 | xuéxí Hànyǔ | to study Chinese |
| 不──小心 | 不小心 | bù xiǎoxīn | carelessness |

10

# 三、注释　Notes

汉字基本知识(三)　Basic knowledge about Chinese characters(3)

## 1. 笔画(三)　Strokes(3)

| 笔画<br>Stroke | 名称<br>Name | 运笔方向<br>Writing | 例字<br>Example | |
| --- | --- | --- | --- | --- |
| ㇀ | tí | | 习 | 汉 |
| ㇙ | shùwāngōu | | 七 | 见 |
| ㇆ | héngzhéwāngōu | | 九 | 几 |

## 2. 偏旁(二)　Radicals(2)

| 偏旁<br>Radical | 名称<br>Name | 意义<br>Meaning | 例字<br>Example | |
| --- | --- | --- | --- | --- |
| 氵 | sāndiǎnshuǐ | (氵旁字多与水有关) | 汉 | 江 |
| 讠 | yánzìpángr | (讠旁字多与说话有关) | 语 | 计 |

## 3. 部件(二)　Components(2)

几：　机　　几　　凤

心：　念　　想　　必

见：　觉　　观　　览

11

且： 姐　宜　县

西： 要　票　洒

## 4. 合体字(二)　Multi-component characters(2)

上下结构：　青　学　分
Top-bottom
structure

```
┌─────┐
│  圭  │
├─────┤
│  月  │
└─────┘
```

左右结构：　语　请
Left-right
structure

```
┌───┬───┐
│ 讠│ 五│
│   ├───┤
│   │ 口│
└───┴───┘
```

## 四、练习　Exercises

### 1. 描、写汉字　Trace and copy the following Chinese characters

| | | | | | | | | |
|---|---|---|---|---|---|---|---|---|
| 几 | ② 丿 几 | 几 | 几 | 几 | 几 | 几 | 几 | jǐ several |
| 九 | ② 丿 九 | 九 | 九 | 九 | 九 | 九 | 九 | jiǔ nine |
| 七 | ② 一 七 | 七 | 七 | 七 | 七 | 七 | 七 | qī seven |
| 去 | ⑤ 一 十 土 去 去 | 去 | 去 | 去 | 去 | 去 | 去 | qù to go |
| 西 | ⑥ 一 丆 兀 两 西 西 | 西 | 西 | 西 | 西 | 西 | 西 | xī west |
| 下 | ③ 一 丅 下 | 下 | 下 | 下 | 下 | 下 | 下 | xià down |
| 且 | ⑤ 丨 冂 目 目 且 | 且 | 且 | 且 | 且 | 且 | 且 | qiě and |

| | | | | | | | | |
|---|---|---|---|---|---|---|---|---|
| 青 | ⑧ 一 二 キ 声<br>青 青 青 青 | 青 | 青 | 青 | 青 | 青 | 青 | qīng<br>green |
| 心 | ④ 丶 心 心 心 | 心 | 心 | 心 | 心 | 心 | 心 | xīn<br>heart |
| 小 | ③ 亅 小 小 | 小 | 小 | 小 | 小 | 小 | 小 | xiǎo<br>small |
| 见 | ④ 丨 冂 贝 见 | 见 | 见 | 见 | 见 | 见 | 见 | jiàn<br>to see |
| 习 | ③ 刁 刁 习 | 习 | 习 | 习 | 习 | 习 | 习 | xí<br>to practise |
| 学 | ⑧ 丶 丷 ⺍ ⺍<br>学 | 学 | 学 | 学 | 学 | 学 | 学 | xué<br>to study |
| 汉 | ⑤ 丶 氵 汉<br>汉 | 汉 | 汉 | 汉 | 汉 | 汉 | 汉 | Hàn yǔ<br>Chinese<br>Language |
| 语 | ⑨ 丶 讠 语 语 | 语 | 语 | 语 | 语 | 语 | 语 | |

2. 根据拼音写汉字 Write out the Chinese characters according to the *pinyin*

qī    jiǔ    xià    xīn    xiǎo    jǐ

———    ———    ———    ———    ———    ———

xī    jiàn    xué    xí    Hàn    yǔ

———    ———    ———    ———    ———    ———

3. 给下列汉字注音 Give *pinyin* for each of the following Chinese characters

心    青    西    几    九    七

———    ———    ———    ———    ———    ———

去    见    且    汉    语    学

———    ———    ———    ———    ———    ———

习    小    下

———    ———    ———

13

4. 在下列汉字中描出与左边相同的笔画 Trace in the following Chinese characters the same strokes as those in the left column

乚：吧　现　元　毛　包

丿：习　江　现　求　地

乙：几　饥　风　飞　究

5. 认读下边的汉字,并描出每组字中与左边相同的部分 Read the following Chinese characters and trace in each group the same component as that in the left column

月：青　请　明　有

几：机　凡　杭　风

小：你　少　示　沙

西：要　洒　票　飘

14

# 第 四 课　Lesson Four
## Dì - sì kè

### 一、生字　Characters

| | | | | | | |
|---|---|---|---|---|---|---|
| 我 | wǒ | I | | 四 | sì | four |
| 也 | yě | also | | 子 | zǐ | son |
| 他 | tā | he | | 儿 | ér | son |
| 她 | tā | she | | 字 | zì | character |
| 在 | zài | at | | 边 | biān | side |
| 再 | zài | again | | 节 | jié | period |
| 二 | èr | two | | 店 | diàn | shop，store |
| 三 | sān | three | | | | |

### 二、字——词——词组　Character — word — phrase

| | | | |
|---|---|---|---|
| 再——见 | 再见 | zàijiàn | good-bye |
| 汉——字 | 汉字 | Hànzì | Chinese character |
| 本——子 | 本子 | běnzi | notebook |
| 儿——子 | 儿子 | érzi | son |
| 女——儿 | 女儿 | nǚ'ér | daughter |
| 不——在 | 不在 | bú zài | to be not at（in） |

### 三、注释　Notes

汉字基本知识（四）　Basic knowledge about Chinese characters（4）

1. 偏旁（三）　Radicals（3）

| 偏旁<br>Radical | 名称<br>Name | 意义<br>Meaning | 例字<br>Example | |
|---|---|---|---|---|
| 宀 | bǎogàir | （宀旁字多与房屋有关） | 字 | 家 |
| 艹 | cǎozìtóur | （艹旁字多与草有关） | 节 | 茶 |
| 广 | guǎngzìpáng | （广旁字多与房屋有关） | 店 | 床 |
| 辶 | zǒuzhīpáng | （辶旁多与行走有关） | 边 | 达 |

2. 汉字结构　Structures of Chinese characters

合体字（三）　Multi-component characters（3）

半包围　店 　边 　全包围　四

## 四、练习　Exercises

1. 描、写汉字　Trace and copy the following Chinese characters

| 我 | ⑦ 一 二 于 手 我<br>我 我 | 我 | 我 | 我 | | | wǒ<br>I |
| 也 | ③ 刁 也 也 | 也 | 也 | 也 | | | yě<br>also |
| 他 | ⑤ 亻 他 | 他 | 他 | 他 | | | tā<br>he |
| 她 | ⑥ 女 她 | 她 | 她 | 她 | | | tā<br>she |
| 在 | ⑥ 一 ナ 才 在 在<br>在 | 在 | 在 | 在 | | | zài<br>at |
| 再 | ⑥ 一 厂 冂 冉 再<br>再 | 再 | 再 | 再 | | | zài<br>again |

16

| | | | | | | | |
|---|---|---|---|---|---|---|---|
| 二 | ② 一 二 | 二 | 二 | 二 | | | èr<br>two |
| 三 | ③ 一 二 三 | 三 | 三 | 三 | | | sān<br>three |
| 四 | ⑤ 丨 冂 冈 四 四 | 四 | 四 | 四 | | | sì<br>four |
| 儿 | ② 丿 儿 | 儿 | 儿 | 儿 | | | ér<br>son |
| 子 | ③ 了 了 子 | 子 | 子 | 子 | | | zǐ<br>son |
| 字 | ⑥ 丶 宀 字 | 字 | 字 | 字 | | | zì<br>character |
| 边 | ⑤ 刀 力 力 边 边 | 边 | 边 | 边 | | | biān<br>side |
| 节 | ⑤ 一 艹 艹 节 节 | 节 | 节 | 节 | | | jié<br>period |
| 店 | ⑧ 丶 亠 广 广 庐<br>店 | 店 | 店 | 店 | | | diàn<br>shop |

2. 根据拼音写汉字 Write out the Chinese characters according to the *pinyin*

    wǒ       shí      èr      sān      sì      zài

————— ————— ————— ————— ————— —————

    zǐ      zì      zhāng    chuáng

————— ————— ————— —————

3. 给下列汉字、词注音 Give *pinyin* for each of the following Chinese characthers and words

    是      十      我      三      四      儿

————— ————— ————— ————— ————— —————

    子      字      在      中      再      茶

————— ————— ————— ————— ————— —————

床      二      这      这是      不是      汉字

———————  ———————  ———————  ———————  ———————

再见      儿子      中学

———————  ———————  ———————

4. 在下列汉字中描出与左边相同的部件 Trace in the following Chinese characters the same components as those in the left column

宀：    字      宿      家

艹：    茶      苏      英

广：    床      店      应

辶：    这      边      进

18

第 五 课 **Lesson Five**
Dì - wǔ kè

## 一、生字　Characters

| | | | | | | |
|---|---|---|---|---|---|---|
| 用 | yòng | to use | 么 | me | | what |
| 书 | shū | book | 朋 | péng | | friend |
| 身 | shēn | body | 友 | yǒu | | friend |
| 又 | yòu | again | 这 | zhè | | this |
| 老 | lǎo | old | 那 | nà | | that |
| 师 | shī | master | 是 | shì | | to be |
| 谢 | xiè | to thank | 茶 | chá | | tea |
| 什 | shén | | 床 | chuáng | | bed |

## 二、字——词——词组——句子
**Character — word — phrase — sentence**

| | | | |
|---|---|---|---|
| 老——师 | 老师 | lǎoshī | teacher |
| 谢——谢 | 谢谢 | xièxie | thanks |
| 什——么 | 什么 | shénme | what |
| 朋——友 | 朋友 | péngyou | friend |
| 汉语——书 | 汉语书 | Hànyǔ shū | Chinese book |
| 不——用 | 不用 | búyòng | needn't |
| 这——是 | 这是 | zhè shì | this is |
| 那——是 | 那是 | nà shì | that is |
| 好——书 | 好书 | hǎo shū | good book |
| 老师——好 | 老师好 | lǎoshī hǎo | Hi, professor! |
| 谢谢——你 | 谢谢你 | xièxie nǐ | Thank you. |
| 不用——谢 | 不用谢 | búyòng xiè | You are welcome. |
| 什么——书 | 什么书 | shénme shū | What book is it? |
| 好——朋友 | 好朋友 | hǎo péngyou | good friend |

那——本——书　　　那本书　　　　　nà běn shū　　　　　that book

## 三、会话　Conversations

A：老师好。

B：你好。


A：老师，这是什么书？

B：这是汉语书。


A：谢谢老师。

B：不用谢。

## 四、注释　Notes

汉字基本知识（五）Basic knowledge about Chinese characters（5）

1. 偏旁（四）　Radicals（4）

| 笔画<br>Stroke | 名称<br>Name | 例字<br>Example | |
|---|---|---|---|
| 阝 | yòuěrdāo | 那 | 都 |
| 月 | yuèzìpáng | 朋 | 胜 |
| 又 | yòuzìpáng | 对 | 观 |

2. 部件（三）　Components（3）

也：他　地　拖

又：双　友　支

用：角　　拥　　勇

3. 汉字结构（小结）　Structures of Chinese characters（summary）

（1）独体字　大　口　马　　□

（2）合体字

①左右结构　你　好　□□　　谢　□□　　语　□

②上下结构　是　字　□　（京，意）　□

③半包围　这　□　　床　□　　同　□

④全包围　四　□

五、练习　Exercises

1. 根据拼音写汉字　Write out the Chinese characters according to the *pinyin*

shū　　　yě　　　tā　　　yòu　　　lǎo

_____　_____　_____　_____　_____

yòng　　shēn　　péng　　yǒu　　　nà

_____　_____　_____　_____　_____

2. 给下列汉字、词注音　Give *pinyin* for each of the following Chinese characters and
words

| 她 | 又 | 么 | 师 | 书 |
|---|---|---|---|---|
| ——— | ——— | ——— | ——— | ——— |

| 用 | 身 | 朋 | 这 | 那 |
|---|---|---|---|---|
| ——— | ——— | ——— | ——— | ——— |

| 老 | 友 | 他 | 什 | 她是 |
|---|---|---|---|---|
| ——— | ——— | ——— | ——— | ——— |

| 老师 | 那是 | 不用 |
|---|---|---|
| ——— | ——— | ——— |

3. 描、写汉字　Trace and copy the following Chinese characters

| 用 | ⑤丿几月月用 | 用 | 用 | 用 | | | yòng<br>to use |
|---|---|---|---|---|---|---|---|
| 书 | ④乛乛书书 | 书 | 书 | 书 | | | shū<br>book |
| 身 | ⑦′′勹勹身<br>身身 | 身 | 身 | 身 | | | shēn<br>body |
| 又 | ②乛又 | 又 | 又 | 又 | | | yòu<br>again |
| 老 | ⑥一十土耂老<br>老 | 老 | 老 | 老 | | | lǎoshī<br>teacher |
| 师 | ⑥′丨刂厂师师<br>师 | 师 | 师 | 师 | | | |
| 谢 | ⑫讠讱讱谢谢 | 谢 | 谢 | 谢 | | | xiè<br>to thank |

22

| | | | | | | | |
|---|---|---|---|---|---|---|---|
| 什 | ④ 亻 什 | 什 | 什 | 什 | | | shénme what |
| 么 | ③ 丿 么 | 么 | 么 | 么 | | | |
| 朋 | ⑧ 丿 川 月 月 朋 | 朋 | 朋 | 朋 | | | péngyou friend |
| 友 | ④ 一 ナ 友 | 友 | 友 | 友 | | | |
| 这 | ⑦ 丶 亠 亣 文 文 这 这 | 这 | 这 | 这 | | | zhè this |
| 那 | ⑥ 刁 ヲ 月 那 那 | 那 | 那 | 那 | | | nà that |
| 是 | ⑨ 丨 冂 日 日 早 早 是 | 是 | 是 | 是 | | | shì to be |
| 茶 | ⑨ 一 十 艹 艹 苎 苓 茶 茶 | 茶 | 茶 | 茶 | | | chá tea |
| 床 | ⑦ 丶 亠 广 广 庄 庄 床 | 床 | 床 | 床 | | | chuáng bed |

## 第 六 课　Lesson Six
Dì - liù kè

### 一、生字　Characters

| | | | | | | |
|---|---|---|---|---|---|---|
| 欢 | huān | joyfully | | 妈 | mā | mum |
| 迎 | yíng | to greet, to welcome | | 哥 | gē | elder brother |
| 请 | qǐng | please | | 弟 | dì | younger brother |
| 坐 | zuò | to sit | | 妹 | mèi | younger sister |
| 喝 | hē | to drink | | 邮 | yóu | to post, to mail |
| 今 | jīn | today | | 局 | jú | bureau, office |
| 明 | míng | tomorrow | | 信 | xìn | letter |
| 爸 | bà | dad | | 回 | huí | to return |

### 二、字——词——词组——句子
### Character — word — phrase — sentence

| | | | |
|---|---|---|---|
| 欢——迎 | 欢迎 | huānyíng | to welcome |
| 明——天 | 明天 | míngtiān | tomorrow |
| 今——天 | 今天 | jīntiān | today |
| 爸——爸 | 爸爸 | bàba | dad |
| 妈——妈 | 妈妈 | māma | mum |
| 哥——哥 | 哥哥 | gēge | elder brother |
| 弟——弟 | 弟弟 | dìdi | younger brother |
| 妹——妹 | 妹妹 | mèimei | younger sister |
| 邮——局 | 邮局 | yóujú | post office |
| 喝——茶 | 喝茶 | hē chá | to drink tea |
| 请——进 | 请进 | qǐng jìn | come in, please |
| 请——坐 | 请坐 | qǐng zuò | sit down, please |
| 请——喝茶 | 请喝茶 | qǐng hē chá | drink some tea, please |

24

## 三、课文　Texts

A：欢迎，欢迎。请进。

B：你好。

A：你好。你身体好吗？

B：很好，谢谢。你呢？

A：我也很好。请坐，请喝茶。

B：好，谢谢。

A：你爸爸、妈妈好吗？

B：他们都很好，谢谢。


A：这是我妹妹。

B：你好。

C：你好。欢迎你。

B：谢谢。

C：请坐吧。哥哥，我去朋友家。

A：好。

C：再见。

B：再见。


## 生词　New words

| | | |
|---|---|---|
| 身体 | shēntǐ | body |
| 家 | jiā | family |
| 都 | dōu | all |


## 四、练习　Exercises

1. 根据拼音写汉字　Write out the Chinese characters according to the *pinyin*

qǐng jìn　　hē chá　　jīntiān　　míngtiān　　yóujú　　qǐng zuò

_____　　_____　　_____　　_____　　_____　　_____

bàba  māma  gége  mèimei

_____  _____  _____  _____

2. 给下列词注音　Give *pingin* for each of the following words

爸爸　　妈妈　　哥哥　　弟弟　　妹妹　　邮局

_____  _____  _____  _____  _____  _____

欢迎　　请进　　坐　　喝茶　　今天　　明天

_____  _____  _____  _____  _____  _____

3. 描、写汉字　Trace and copy the following Chinese characters

| | | | | | | |
|---|---|---|---|---|---|---|
| 欢 | ⑥ 又 ﾌ 又/ 处 欢 | 欢 | 欢 | 欢 | | | huānyíng<br>to welcome |
| 迎 | ⑦ ´ 广 仁 卯 迎 | 迎 | 迎 | 迎 | | | |
| 请 | ⑩ 讠 请 | 请 | 请 | 请 | | | qǐng<br>please |
| 进 | ⑦ 一 三 卡 井 进 | 进 | 进 | 进 | | | jìn<br>to enter |
| 坐 | ⑦ ノ 人 亻 从 丛 坐 坐 | 坐 | 坐 | 坐 | | | zuò<br>to sit |
| 喝 | ⑫ ㅁ ㅁ- ㅁ门 呷 呷 呷 喝 喝 喝 | 喝 | 喝 | 喝 | | | hē<br>to drink |
| 今 | ④ 人 仝 今 | 今 | 今 | 今 | | | jīn<br>today |
| 明 | ⑧ 日 明 | 明 | 明 | 明 | | | míng<br>tomorrow |
| 爸 | ⑧ ´ 八 父 父 爸 | 爸 | 爸 | 爸 | | | bà<br>dad |
| 妈 | ⑥ 女 妈 | 妈 | 妈 | 妈 | | | mā<br>mum |

| | | | | | | | |
|---|---|---|---|---|---|---|---|
| 哥 | ⑩ 一 哥 哥 哥 哥 哥 | 哥 | 哥 | 哥 | | | gē<br>elder brother |
| 弟 | ⑦ 丷 丷 当 当 弟 弟 | 弟 | 弟 | 弟 | | | dì<br>younger brother |
| 妹 | ⑧ 女 女 妒 妌 妹 | 妹 | 妹 | 妹 | | | mèi<br>younger sister |
| 邮 | ⑦ 丨 冂 日 由 由 邮 | 邮 | 邮 | 邮 | | | yóujú<br>post office |
| 局 | ⑦ 一 コ 尸 丬 局 | 局 | 局 | 局 | | | |
| 信 | ⑨ 亻 亻 亻 信 信 信 | 信 | 信 | 信 | | | xìn<br>letter |
| 回 | ⑥ 丨 冂 回 回 | 回 | 回 | 回 | | | huí<br>to return |

4. 将下列汉字按偏旁归类 Sort out the following Chinese characters according to their radicals

你　语　妈　们　吗　妹　邮　信　请　欢　那
他　进　好　吧　汉　她　迎　喝　谢　什　这

辶：

讠：

亻：

口：

女：

阝：

5. 找出下列每组汉字中相同的部件 Find the shared component in each group of the following Chinese characters

_____：字　好　学　孩　存

_____：你　少　示　尘　孙

_____ ：友　对　没　译　假

_____ ：百　的　怕　皇　迫

_____ ：姐　宜　助　县　祖

_____ ：现　视　览　觉　观

_____ ：红　左　经　功　贡

_____ ：还　坏　否　杯　甭

6. 用下列汉字组词（或词组）Combine the following characters to form words or phrases

| 老 | 朋 | 什 | 汉 | 友 | 再 | 东 | 字 | 师 | 么 |
| 学 | 妈 | 语 | 办 | 见 | 明 | 邮 | 今 | 迎 | 习 |
| 口 | 谢 | 欢 | 书 | 爸 | 局 | 哥 | 天 | 西 | 公 |

_____　_____　_____　_____　_____　_____

_____　_____　_____　_____　_____　_____

_____　_____　_____　_____　_____　_____

_____　_____　_____　_____　_____　_____

_____　_____　_____　_____　_____　_____

# 第 七 课　Lesson Seven
Dì - qī kè

## 一、生字　Characters

| | | | | | | |
|---|---|---|---|---|---|---|
| 贵 | guì | noble | 发 | fā | to utter |
| 姓 | xìng | surname | 音 | yīn | sound |
| 叫 | jiào | to name, to call | 容 | róng | |
| 名 | míng | name | 易 | yì | easy |
| 哪 | nǎ | which | 难 | nán | difficult |
| 国 | guó | nation, country | 美 | měi | pretty |
| 人 | rén | man | 日 | rì | day, sun |
| 很 | hěn | very | | | |

## 二、字──词──词组──句子
### Character — word — phrase — sentence

| | | | |
|---|---|---|---|
| 贵──姓 | 贵姓 | guì xìng | May I ask your name? |
| 名──字 | 名字 | míngzi | name |
| 中──国 | 中国 | Zhōngguó | China |
| 美──国 | 美国 | Měiguó | the U.S.A. |
| 日──本 | 日本 | Rìběn | Japan |
| 发──音 | 发音 | fāyīn | pronunciation |
| 容──易 | 容易 | róngyì | easy |
| 哪──国──人 | 哪国人 | nǎ guó rén | (be) from which country |
| 中国──人 | 中国人 | Zhōngguó rén | Chinese |

29

| 美国——人 | 美国人 | Měiguó rén | American |
|---|---|---|---|
| 日本——人 | 日本人 | Rìběn rén | Japanese |
| 很——容易 | 很容易 | hěn róngyì | very easy |
| 很——难 | 很难 | hěn nán | very difficult |

## 三、课文  Texts

A：你好！

B：你好！

A：你叫什么名字？

B：我叫安娜。

A：你是哪国人？

B：我是美国人。你是哪国人？

A：我是日本人，我叫田中。认识你很高兴。

B：我也很高兴。


A：你好！田中。

B：你好！安娜。

A：你学习什么？

B：我学习汉语。

A：汉语难吗？

B：发音很难，汉字不难。

**生词  New words**

| 认识 | rènshi | to know |
|---|---|---|
| 高兴 | gāoxìng | glad |
| 安娜 | Ānnà | name of a person |
| 田中 | Tiánzhōng | name of a person |

30

## 四、练习　Exercises

1. 根据拼音写汉字 Write out the Chinese characters according to the *pinyin*

míngzi　　róngyì　　gāoxìng　　fā yīn　　Zhōngguó　　hěn nán

_____　_____　_____　_____　_____　_____

2. 给下列词组注音 Give *pinyin* for each of the following phrases

中国人　　　　　很高兴　　　　　哪国人

_____　　_____　　_____

发音难　　　　　认识你

_____　　_____

3. 将下列汉字按偏旁归类 Sort out the following Chinese characters according to their radicals

妈 叫 那 姓 容 吗 邮 姐 字 呢 请 部 家

宀：

阝：

口：

女：

4. 描出每组汉字中与左边相同的部件 Trace in the following Chinese characters the same components as those in the left column

又：对 汉 友 难 发

日：是 草 音 间 时

子：字 学 好 孩 存

31

**5. 描、写汉字 Trace and copy the Chinese characters**

| 贵 | ⑨ 中 虫 虫 冉 贵 | 贵 | 贵 | 贵 | | | | guìxìng May I ask your name? |
|---|---|---|---|---|---|---|---|---|
| 姓 | ⑧ 女 女 奼 奼 姓 姓 | 姓 | 姓 | 姓 | | | | |
| 叫 | ⑤ 口 叫 叫 | 叫 | 叫 | 叫 | | | | jiào to call |
| 名 | ⑥ ノ ク タ 名 | 名 | 名 | 名 | | | | míng name |
| 哪 | ⑨ 口 哪 | 哪 | 哪 | 哪 | | | | nǎ which |
| 国 | ⑧ 丨 冂 冂 冃 囲 国 国 国 | 国 | 国 | 国 | | | | guó nation |
| 人 | ② ノ 人 | 人 | 人 | 人 | | | | rén man |
| 很 | ⑨ ノ ク 彳 彳 彳 彳 得 得 很 | 很 | 很 | 很 | | | | hěn very |
| 发 | ⑤ 一 ナ 步 发 发 | 发 | 发 | 发 | | | | fāyīn pronunciation |
| 音 | ⑨ 立 音 | 音 | 音 | 音 | | | | |
| 容 | ⑩ 宀 宀 宀 宓 宓 宓 容 容 | 容 | 容 | 容 | | | | róngyì easy |
| 易 | ⑧ 日 尸 月 昜 易 | 易 | 易 | 易 | | | | |
| 难 | ⑩ 又 叉 对 对 难 难 难 难 | 难 | 难 | 难 | | | | nán difficult |
| 美 | ⑨ 羊 美 | 美 | 美 | 美 | | | | měi pretty |
| 日 | ④ 日 | 日 | 日 | 日 | | | | rì sun |

## 五、课外练习　Exercise after class

**查字典**

　　查字典有几种方法,以《现代汉语词典》为例,有:

(1)拼音查字法

　　知道字的读音可直接在音节表里查找同音节字的页码,然后根据页码到词典正文中查找你要查的字。

例如:rén(人)

先在音节表中找到 rén 的页码是 1061,然后再到 1061 页 rén 音节中就可以查到关于"人"字的条目了。

(2)部首查字法

知道汉字字形而不知道该字的读音时,可先按字的结构确定该字的部首,根据部首的笔画数在部首目录中找到这一部首的页码,然后根据部首页码在检字部中找到该部首,再在该部中按笔画数找到要查的字的页码,最后按页码到词典正文里找你要查的字或词。

例如:屋

我们首先划分出"屋"是由"尸"和"至"组成的,确定"屋"的部首是"尸",笔画数是 3 画,我们到部首检字表的部首目录中找到 3 画的"尸"页码是 35 页,再到 35 页找到"尸"部;"至"字是 6 画,在尸部 6 画中找到"屋"的页码是 1326,我们在正文的 1326 页就可查到"屋"字和由"屋"字组成的词。

(3)笔画查字法

汉字中有些字不容易划分出偏旁部首,我们又不知道它的读音,这时我们可用笔画查字法在难检字笔画索引中找到这个字。

例如:兴

该字共 6 画,我们在难检字笔画索引 6 画字中找到"兴"的正文页码是 1405、1411,我们再到正文的 1405 页和 1411 页就可查到"兴"字。

## 第 八 课　**Lesson Eight**
Dì - bā kè

### 一、生字　Characters

| | | | | | | |
|---|---|---|---|---|---|---|
| 吃 | chī | to eat | | 面 | miàn | flour |
| 要 | yào | to want | | 条 | tiáo | strip，slip |
| 些 | xiē | some | | 鸡 | jī | chicken |
| 饺(子) | jiǎo(zi) | dumpling | | 蛋 | dàn | egg |
| 米 | mǐ | rice | | 汤 | tāng | soup |
| 饭 | fàn | meal，food | | 啤(酒) | pí(jiǔ) | beer |
| 包(子) | bāo(zi) | steamed stuffed bun | | 酒 | jiǔ | wine |
| 馒(头) | mántou | steamed bread | | 水 | shuǐ | water |
| 头 | tóu | head | | | | |

### 二、字——词——词组　Character — word — phrase

| | | | |
|---|---|---|---|
| 吃——饭 | 吃饭 | chī fàn | to eat |
| 饺——子 | 饺子 | jiǎozi | dumpling |
| 米——饭 | 米饭 | mǐfàn | steamed rice |
| 包——子 | 包子 | bāozi | steamed stuffed bun |
| 馒——头 | 馒头 | mántou | steamed bread |
| 面——包 | 面包 | miànbāo | bread |
| 面——条——儿 | 面条儿 | miàntiáor | noodle |
| 鸡——蛋 | 鸡蛋 | jīdàn | egg |
| 啤——酒 | 啤酒 | píjiǔ | beer |
| 大——米 | 大米 | dàmǐ | rice |
| 吃——饺子 | 吃饺子 | chī jiǎozi | to eat dumplings |

| 吃——米饭 | 吃米饭 | chī mǐfàn | to eat rice |
| 鸡蛋——汤 | 鸡蛋汤 | jīdàn tāng | egg soup |
| 大米——饭 | 大米饭 | dàmǐ fàn | steamed rice |

## 三、课文　Text

A：你们好！

B、C：你好！

A：你们吃什么？

B：我吃饺子。

C：我也要饺子。

A：喝什么？

B：我要啤酒。

C：我要矿泉水。

A：好。

### 生词　New word

矿泉水　　　　kuàngquánshuǐ　　　　mineral water

## 四、练习　Exercises

1. 根据拼音写汉字 Write out the Chinese characters according to the *pinyin*

chī fàn　　hē shuǐ　　jiǎozi　　miàntiáor　　jīdàn　　píjiǔ

_____　　_____　　_____　　_____　　_____　　_____

mǐfàn　　bāozi　　mántou　　chī hē　　hē chá

_____　　_____　　_____　　_____　　_____

2. 给下列汉字注音 Give *pinyin* for each of the following Chinese characters

| 喝 | 吃 | 包 | 面 | 奶 | 水 |
|---|---|---|---|---|---|
| —— | —— | —— | —— | —— | —— |

| 米 | 条 | 鸡 | 头 | 汤 | 牛 |
|---|---|---|---|---|---|
| —— | —— | —— | —— | —— | —— |

| 饺 | 馒 | 饭 | 要 | 酒 | 啤 |
|---|---|---|---|---|---|
| —— | —— | —— | —— | —— | —— |

3. 将下列汉字按偏旁归类 Sort out the following Chinese characters according to their radicals

饺 吃 条 馒 汤 饭 各 喝 叫 冬
馆 汉 啤 流 饿 没 务 湖 听 处

饣:

口:

氵:

夂:

4. 描出下列汉字中与左边相同的部件 Trace in the following Chinese characters the same components as those in the left column

女: 妈 要 安 妆

木: 床 相 条 查

白: 的 追 怕 百

36

## 5. 描、写汉字 Trace and copy the Chinese characters

| | | | | | | | | |
|---|---|---|---|---|---|---|---|---|
| 吃 | ⑥ 口 口 吃 吃 | 吃 | 吃 | 吃 | | | chī<br>to eat |
| 些 | ⑧ 丨 卜 止 止 此<br>此 些 | 些 | 些 | 些 | | | xiē<br>some |
| 要 | ⑨ 覀 要 | 要 | 要 | 要 | | | yào<br>to want |
| 饺 | ⑨ 饣 饣 饣 饣 饣 饣<br>饣 饺 饺 | 饺 | 饺 | 饺 | | | jiǎo<br>dumpling |
| 米 | ⑥ 丷 丷 丷 半 米 米 | 米 | 米 | 米 | | | mǐ<br>rice |
| 饭 | ⑦ 饣 饭 | 饭 | 饭 | 饭 | | | fàn<br>meal |
| 包 | ⑤ 丿 勹 勹 匀 包 | 包 | 包 | 包 | | | bāo |
| 馒 | ④ 饣 俣 僈 馒 | 馒 | 馒 | 馒 | | | mántou<br>steamed<br>bread |
| 头 | ⑤ 丶 丷 头 头 头 | 头 | 头 | 头 | | | |
| 面 | ⑨ 一 丆 厂 而 而<br>而 面 面 | 面 | 面 | 面 | | | miàntiáor<br>noodle |
| 条 | ⑦ 丿 夕 冬 冬 条<br>条 | 条 | 条 | 条 | | | |
| 鸡 | ⑦ 又 叉 鸡 鸡 鸡 鸡 | 鸡 | 鸡 | 鸡 | | | jīdàn<br>egg |
| 蛋 | ⑪ 一 丆 疋 疋 疋<br>疋 蛋 蛋 蛋 蛋 | 蛋 | 蛋 | 蛋 | | | |
| 汤 | ⑥ 氵 沂 汤 汤 | 汤 | 汤 | 汤 | | | tāng<br>soup |
| 啤 | ⑪ 口 口 口 吣 吣<br>啤 啤 啤 | 啤 | 啤 | 啤 | | | píjiǔ<br>beer |
| 酒 | ⑩ 氵 汀 汀 沔 洒<br>酒 酒 | 酒 | 酒 | 酒 | | | |
| 水 | ④ 亅 才 水 水 | 水 | 水 | 水 | | | shuǐ<br>water |

37

## 五、课外练习  Exercises after class

1. 汉字的组成与分解 Combination and division of the Chinese characters

   (1)组字 Combination

   马　那　乞　巴　昌

   口：

   （左右结构）

   夂　九　口　甘　利

   木：

   （上下结构）

   (2)分解 Division

   喝　　　渴　　　馒　　　慢

   ——————　——————　——————　——————

   鸡　　　鸭　　　蛋　　　酒

   ——————　——————　——————　——————

2. 查字典,给下列汉字注音 Consult the dictionary and give *pinyin* for each of the fol-
   lowing Chinese characters

   喝　饺　米　包　牛　啤　水

   渴　校　来　句　午　牌　木

第 九 课　**Lesson Nine**
Dì - jiǔ kè

## 一、生字　Characters

| | | | | | | |
|---|---|---|---|---|---|---|
| 买 | mǎi | to buy | 两 | liǎng | two |
| 苹(果) | píng(guǒ) | apple | 还 | hái | else |
| 果 | guǒ | fruit | 别(的) | bié(de) | other |
| 瓜 | guā | melon | 的 | de | of |
| 橘 | jú | tangerine | 共 | gòng | together |
| 多 | duō | many, much | 钱 | qián | money |
| 少 | shǎo | few, little | 块 | kuài | *kuai (yuan)* |
| 个 | gè | (a measure word) | 毛 | máo | *mao (jiao)* |
| 斤 | jīn | *jin* | | | |

## 二、字——词——词组　Character — word — phrase

| | | | |
|---|---|---|---|
| 苹——果 | 苹果 | píngguǒ | apple |
| 西——瓜 | 西瓜 | xīguā | water melon |
| 橘——子 | 橘子 | júzi | tangerine |
| 多——少 | 多少 | duōshao | how many |
| 别——的 | 别的 | biéde | other |
| 一——共 | 一共 | yīgòng | together |
| 水——果 | 水果 | shuǐguǒ | fruit |
| | | | |
| 两——个 | 两个 | liǎng gè | two |
| 两——斤 | 两斤 | liǎng jīn | two *jin* |
| 两——毛 | 两毛 | liǎng máo | two *mao* (twenty fen) |

| 两——块 | 两块 | liǎng kuài | two kuai |
| 买——什么 | 买什么 | mǎi shénme | what (do you want) to buy |
| 买——苹果 | 买苹果 | mǎi píngguǒ | to buy apples |
| 多少——钱 | 多少钱 | duōshao qián | how much does it cost |

## 三、课文　Texts

A：小姐，您买什么？

B：我买苹果。多少钱一斤？

A：两块五一斤。买多少？

B：两斤。


A：小姐，我买一个西瓜。

B：好。

A：这个好吗？

B：好！

A：多少钱？

B：一块五一斤。八斤，十二块。您还要别的吗？

A：再要四个桃。

B：四个桃三块三。一共十五块三。

A：好。

B：谢谢，再见！

A：再见！


**生词　New words**

| 小姐 | xiǎojiě | Miss |
| 再 | zài | in addition |
| 桃 | táo | peach |

40

## 四、练习 Exercises

1. 根据拼音写汉字 Write out the Chinese characters according to the *pinyin*

    píngguǒ        júzi        shuǐguǒ        biéde

   _____      _____      _____

    yīgòng        duōshao        xīguā

   _____      _____      _____

2. 给下列词注音 Give *pingin* for each of the following words

| 橘子 | 水果 | 多少 | 一共 | 苹果 | 别的 |
|------|------|------|------|------|------|
| \_\_\_\_ | \_\_\_\_ | \_\_\_\_ | \_\_\_\_ | \_\_\_\_ | \_\_\_\_ |

| 西瓜 | 还是 | 公共 | 别人 | 不要 | 共同 |
|------|------|------|------|------|------|
|      | (or) | (public) | (others) | (don't) | (common) |
| \_\_\_\_ | \_\_\_\_ | \_\_\_\_ | \_\_\_\_ | \_\_\_\_ | \_\_\_\_ |

3. 将下列汉字按偏旁归类 Sort out the following characters Chinese according to their radicals

    苹  块  橘  桃  别  草  到  地

    椅  则  坏  花  剧  场  药  杏

    土：

    刂：

    木：

    艹：

41

## 4. 描、写汉字 Trace and copy the following Chinese characters

| | | | | | | | |
|---|---|---|---|---|---|---|---|
| 买 | ⑥ 乛 买 | 买 | 买 | 买 | | | mǎi<br>to buy |
| 苹 | ⑧ 艹 艹 芑 苎 苹 苹 | 苹 | 苹 | 苹 | | | píngguǒ<br>apple |
| 果 | ⑧ 丨 冂 冃 日 旦 甲<br>果 果 | 果 | 果 | 果 | | | |
| 瓜 | ⑤ 厂 厂 爪 瓜 瓜 | 瓜 | 瓜 | 瓜 | | | guā<br>melon |
| 橘 | ⑯ 一 十 才 木 杧 杧<br>杧 杧 杧 橘 橘 橘 | 橘 | 橘 | 橘 | | | jú<br>tangerine |
| 多 | ⑥ 丿 夕 夕 多 | 多 | 多 | 多 | | | duō<br>many |
| 少 | ④ 小 少 | 少 | 少 | 少 | | | shǎo<br>few |
| 个 | ③ 人 个 | 个 | 个 | 个 | | | gè<br>(a measure word) |
| 斤 | ④ 一 厂 斤 斤 | 斤 | 斤 | 斤 | | | jīn<br>jin |
| 两 | ⑦ 一 厂 厂 丙 丙 两<br>两 | 两 | 两 | 两 | | | liǎng<br>two |
| 还 | ⑦ 不 还 | 还 | 还 | 还 | | | hái<br>still |
| 别 | ⑦ 口 马 另 别 别 | 别 | 别 | 别 | | | bié<br>other |
| 的 | ⑧ 白 的 的 的 | 的 | 的 | 的 | | | de<br>of |
| 共 | ⑥ 一 十 廿 共 共 共 | 共 | 共 | 共 | | | gòng<br>together |
| 钱 | ⑩ 丿 𠂉 钅 钅 钅<br>钅 钅 钱 钱 钱 | 钱 | 钱 | 钱 | | | qián<br>money |
| 块 | ⑦ 一 十 土 圹 圹 块<br>块 | 块 | 块 | 块 | | | kuài<br>kuai |
| 毛 | ④ 一 二 三 毛 | 毛 | 毛 | 毛 | | | máo<br>mao |

## 五、课外练习　Exercises after class

1. 汉字的组成与分解 Combination and division of the Chinese characters

   (1) 组字 Combination

   　　　　乔　　兆　　奇　　木　　交　　羊

   　　木：

   　　（左右结构）

   　　　　口　　亠　　业　　丘　　直

   　　八：

   　　（上下结构）

   (2) 分解 Division

   　　块　　　　　桃　　　　　别　　　　　的

   　　∧　　　　　∧　　　　　∧　　　　　∧

   　　_____　_____　_____　_____

   　　杯　　　　　剧　　　　　城　　　　　树

   　　∧　　　　　∧　　　　　∧　　　　　∧

   　　_____　_____　_____　_____

2. 查字典,给下列汉字注音 Consult the dictionary and give *pinyin* for each of the following Chinese characters

   买　多　少　两　共　还　果　斤　块

   实　名　小　西　只　这　呆　厅　快

# 第 十 课　Lesson Ten
## Dì - shí kè

## 一、生字　Characters

| | | | | | | |
|---|---|---|---|---|---|---|
| 午 | wǔ | noon | 元 | yuán | （Renminbi）*yuan* |
| 先 | xiān | first | 民 | mín | people |
| 生 | shēng | life | 币 | bì | money |
| 您 | nín | you | 等 | děng | to wait |
| 姐 | jiě | elder sister | 会（儿） | huìr | moment |
| 银 | yín | silver | 给 | gěi | to give |
| 行 | háng | business firm | 客 | kè | guest |
| 换 | huàn | to change | 气 | qì | air |
| 百 | bǎi | hundred | | | |

## 二、字──词──词组──句子
**Character — word — phrase — sentence**

| | | | |
|---|---|---|---|
| 上──午 | 上午 | shàngwǔ | morning |
| 下──午 | 下午 | xiàwǔ | afternoon |
| 先──生 | 先生 | xiānsheng | mister, Mr. |
| 小──姐 | 小姐 | xiǎojiě | miss |
| 姐──姐 | 姐姐 | jiějie | elder sister |
| 银──行 | 银行 | yínháng | bank |
| 客──气 | 客气 | kèqi | polite |
| 人──民──币 | 人民币 | Rénmín bì | Renminbi |
| 学──生 | 学生 | xuésheng | student |
| 白──天 | 白天 | báitiān | day time |
| 美──元 | 美元 | Měiyuán | U.S. dollar |

44

| 换——钱 | 换钱 | huàn qián | to change money |
| 二——百——元 | 二百元 | èr bǎi yuán | two hundred *yuan* |
| 给——您——钱 | 给您钱 | gěi nín qián | here is the money |
| 一——会——儿 | 一会儿 | yíhuìr | in a moment |
| 等——一会儿 | 等一会儿 | děng yíhuìr | just a moment |
| 不——客气 | 不客气 | bú kèqi | not at all, impolite |
| 太——客气 | 太客气 | tài kèqi | very polite |

## 三、课文　Texts

A：玛丽，你去哪儿？

B：我去中国银行换钱。

A：我也要换钱，我们一起去，好吗？

B：好。


A：先生，您好！

B：您好！我要换钱。

A：您换什么钱？

B：人民币。

A：换多少？

B：五百美元的人民币。请问，今天 1 美元换多少人民币？

A：1 美元换 8.29 元人民币。

B：谢谢。给您钱，500 美元。

A：给您钱，4145 元人民币。

B：谢谢。

A：不客气。


生词 **New words**

| 玛丽 | Mǎlì | name of a person |
| 一起 | yìqǐ | together |

## 四、练习　Exercises

1. 根据拼音写汉字 Write out the Chinese characters according to the *pinyin*

yínháng　　　Měiyuán　　　xiānsheng　　　xiǎojiě

＿＿＿＿＿　＿＿＿＿＿　＿＿＿＿＿＿　＿＿＿＿＿＿

jīntiān　　　Rénmínbì　　　kèqi　　　děng yíhuìr

＿＿＿＿＿　＿＿＿＿＿　＿＿＿＿＿＿　＿＿＿＿＿＿

2. 给下列词、词组注音 Give *pinyin* for each of the following words and phrases

换钱　　　　先生　　　　小姐　　　　今天　　　　美元

＿＿＿＿　＿＿＿＿　＿＿＿＿　＿＿＿＿　＿＿＿＿

银行　　　　学生　　　　人民币　　　　不客气

＿＿＿＿　＿＿＿＿　＿＿＿＿　＿＿＿＿

3. 将下列汉字按偏旁归类 Sort out the following Chinese characters according to their radicals

银　行　钱　多　很　换　客　名　给
打　字　往　红　岁　钟　把　安　组

钅：

彳：

扌：

夕：

纟：

宀：

46

## 4. 描、写汉字 Trace and copy the following Chinese characters

| | | | | | | | |
|---|---|---|---|---|---|---|---|
| 午 | ④ ノ ⌒ 亇 午 | 午 | 午 | 午 | | | wǔ<br>noon |
| 先 | ⑥ ⌒ 丨 牛 生 步 先 | 先 | 先 | 先 | | | xiānsheng<br>mister, Mr. |
| 生 | ⑤ ノ 一 二 牛 生 | 生 | 生 | 生 | | | |
| 您 | ⑪ 你 您 | 您 | 您 | 您 | | | nín<br>you |
| 姐 | ⑧ 女 姐 | 姐 | 姐 | 姐 | | | jiě<br>elder sister |
| 银 | ⑪ 钅 银 | 银 | 银 | 银 | | | yínháng<br>bank |
| 行 | ⑥ 彳 彳 彳 行 | 行 | 行 | 行 | | | |
| 换 | ⑩ 一 扌 扌 扩 扩 扩 护 捪 换 换 | 换 | 换 | 换 | | | huàn<br>to change |
| 百 | ⑥ 一 百 | 百 | 百 | 百 | | | bǎi<br>hundred |
| 元 | ④ 一 二 テ 元 | 元 | 元 | 元 | | | yuán<br>yuan |
| 民 | ⑤ 刁 刁 尸 尸 民 | 民 | 民 | 民 | | | mín<br>people |
| 币 | ④ 一 厂 币 币 | 币 | 币 | 币 | | | bì<br>money |
| 等 | ⑫ ノ 亇 亇 亇 竺 竺 竺 竺 笙 笔 等 等 | 等 | 等 | 等 | | | děng<br>to wait |
| 会 | ⑥ 人 人 仌 仐 会 会 | 会 | 会 | 会 | | | huì |
| 给 | ⑨ ノ 乡 乡 纟 纟 纱 给 | 给 | 给 | 给 | | | gěi<br>to give |
| 客 | ⑨ 宀 客 客 | 客 | 客 | 客 | | | kèqi<br>polite |
| 气 | ④ ノ 广 气 气 | 气 | 气 | 气 | | | |

## 五、课外练习　Exercises after class

1. 汉字的组成与分解 Combination and division of the Chinese characters

    (1)组字 Combination

          马　　子　　且　　生　　也　　台

      女：
      （左右结构）

          二　　口　　古　　厶　　音

      儿：
      （上下结构）

    (2)分解 Division

      银　　　　　换　　　　　行　　　　　给

      姐　　　　　拉　　　　　等　　　　　待

      妹　　　　　钢

2. 查字典,给下列汉字注音 Consult the dictionary and give *pinyin* for each of the following Chinese characters

    元　　姐　　银　　币　　白　　天　　小　　先

    无　　组　　很　　市　　百　　夫　　少　　告

# 第十一课 Lesson Eleven
## Dì - shíyī kè

## 一、生字 Characters

| | | | | | | |
|---|---|---|---|---|---|---|
| 问 | wèn | to ask | 楼 | lóu | building |
| 室 | shì | room | 号 | hào | number |
| 找 | zhǎo | to look for | 码 | mǎ | a size or thing indicating number |
| 谁 | shuí | who | 知 | zhī | to know |
| 家 | jiā | home | 道 | dào | to say, to speak |
| 呢 | ne | (a modal particle) | 电 | diàn | electricity |
| 住 | zhù | to live | 话 | huà | word |

## 二、字──词──词组──句子
### Character — word — phrase — sentence

| | | | |
|---|---|---|---|
| 办公──室 | 办公室 | bàngōngshì | office |
| 号──码 | 号码 | hàomǎ | number |
| 知──道 | 知道 | zhīdào | to know |
| 电──话 | 电话 | diànhuà | telephone |
| 大──家 | 大家 | dàjiā | everybody |
| 国──家 | 国家 | guójiā | country, nation |
| 学──号 | 学号 | xuéhào | student ID number |
| 电话──号码 | 电话号码 | diànhuà hàomǎ | telephone number |

| | | | |
|---|---|---|---|
| 请──问 | 请问 | qǐngwèn | May I ask...? |
| 不──知道 | 不知道 | bù zhīdào | don't know |
| 你──找──谁? | 你找谁? | Nǐ zhǎo shuí? | Whom do you want to see? |
| 你──呢? | 你呢? | Nǐ ne? | And you? |

49

## 三、课文　Texts

A：你好！你找谁？

B：我找玛丽。她住几号？

A：她住308号。

B：谢谢。

A：不客气。


B：玛丽，你好！

A：您好！王老师。

B：安娜住几号楼，你知道吗？

A：她住3号楼105号。

B：她的电话号码是多少？

A：对不起，我不知道。

## 四、练习　Exercises

1. 根据拼音写汉字 Write out the Chinese characters according to the *pinyin*

bàngōngshì　　　diànhuà　　　zhīdào　　　hàomǎ

＿＿＿＿＿＿＿　＿＿＿＿＿＿＿　＿＿＿＿＿＿＿　＿＿＿＿＿＿＿

wèn　　　　　shuí　　　　　zhǎo　　　　　lóu

＿＿＿＿＿＿＿　＿＿＿＿＿＿＿　＿＿＿＿＿＿＿　＿＿＿＿＿＿＿

2. 给下列词注音 Give *pinyin* for each of the following words

号码　　　　知道　　　　电话　　　　办公室

＿＿＿＿＿＿＿　＿＿＿＿＿＿＿　＿＿＿＿＿＿＿　＿＿＿＿＿＿＿

50

办公楼　　　　　　　大家　　　　　　国家
（office building）　　（everybody）　　（nation）

_____　　　　_____　　　_____

3. 将下列汉字按偏旁归类 Sort out the following Chinese characters according to their radicals

　　　找　谁　码　知　道　话　矿　短　打　近
　　　语　矮　提　进　确　操　这　读　硬　选

矢：

扌：

讠：

石：

4. 描、写汉字 Trace and copy the following Chinese characters

| 问 | ⑥门问 | 问 | 问 | 问 | | | | wèn<br>to ask |
| 室 | ⑨宀宀宀宁宫室<br>室 | 室 | 室 | 室 | | | | shì<br>room |
| 找 | ⑦扌扩扩找找 | 找 | 找 | 找 | | | | zhǎo<br>to look for |
| 谁 | ⑩讠讠讠讠讠诈<br>谁谁 | 谁 | 谁 | 谁 | | | | shuí<br>who |
| 家 | ⑩宀宀宁宁字家<br>家家 | 家 | 家 | 家 | | | | jiā<br>home |
| 呢 | ⑧口口叮叮呢呢 | 呢 | 呢 | 呢 | | | | ne<br>(a particle) |
| 住 | ⑦亻亻广佇佳住 | 住 | 住 | 住 | | | | zhù<br>to live |
| 楼 | ⑬木梺楼 | 楼 | 楼 | 楼 | | | | lóu<br>building |

| | | | | | | | | |
|---|---|---|---|---|---|---|---|---|
| 号 | ⑤ 口 吕 号 | 号 | 号 | 号 | | | | hàomǎ<br>number |
| 码 | ⑧ 一 丆 石 码 | 码 | 码 | 码 | | | | |
| 知 | ⑧ ノ ト ヒ 午 矢 知 | 知 | 知 | 知 | | | | zhīdào<br>to know |
| 道 | ⑫ 丷 丷 丷 首 首 首 首 道 | 道 | 道 | 道 | | | | |
| 电 | ⑤ 丨 冂 冂 日 电 | 电 | 电 | 电 | | | | diànhuà<br>telephone |
| 话 | ⑧ 讠 讠 讠 讦 话 | 话 | 话 | 话 | | | | |

## 五、课外练习　Exercises after class

1. 汉字的组成与分解 Combination and division of the Chinese characters

(1)组字 Combination

　　　　戈　丁　是　立　夋　妾

　　扌：

　　（左右结构）

　　　　舌　吾　只　炎　宜　己

　　讠：

　　（左右结构）

　　　　井　不　首　力　斤　卬

　　辶：

　　（半包围结构）

52

(2)分解 Division

找　　　　　　楼　　　　　谁　　　　　　知
∧　　　　　　∧　　　　　∧　　　　　　∧
___  ___　___  ___　___  ___　___  ___

话　　　　　　打　　　　　短　　　　　　授
∧　　　　　　∧　　　　　∧　　　　　　∧
___  ___　___  ___　___  ___　___  ___

2. 查字典,给下列汉字注音 Consult the dictionary and give *pinyin* for each of the fol-
lowing Chinese characters

找　　　谁　　　码　　　话　　　王　　　电　　　住

我　　　难　　　妈　　　活　　　主　　　由　　　往

## 第十二课 Lesson Twelve
### Dì- shí'èr kè

### 一、生字　Characters

| | | | | | | |
|---|---|---|---|---|---|---|
| 久 | jiǔ | for a long time | 封 | fēng | （a measure word for letter） |
| 体 | tǐ | body | 图 | tú | picture |
| 都 | dōu | all | 馆 | guǎn | hall |
| 了 | le | （a modal particle） | 英 | yīng | hero |
| 枝 | zhī | （a measure word） | 法 | fǎ | law，method |
| 铅 | qiān | lead | 德 | dé | morals |
| 笔 | bǐ | pen | 韩 | Hán | South Korea |

### 二、字——词——词组　Character — word — phrase

| | | | |
|---|---|---|---|
| 好——久 | 好久 | hǎojiǔ | for a long time |
| 身——体 | 身体 | shēntǐ | body |
| 铅——笔 | 铅笔 | qiānbǐ | pencil |
| 信——封 | 信封 | xìnfēng | envelop |
| 图——书——馆 | 图书馆 | túshūguǎn | library |
| 英——国 | 英国 | Yīngguó | U. K. |
| 法——国 | 法国 | Fǎguó | France |
| 德——国 | 德国 | Déguó | Germany |
| 韩——国 | 韩国 | Hánguó | South Korea |

54

## 三、课文  Text

A：老师好。

B：你好，玛丽。好久不见了，你去哪儿了？

A：我回国了，我妈妈病了。

B：她现在怎么样？

A：好了。谢谢老师。

B：不客气。

A：老师，我上星期没上课，有些语法不懂。

B：下午你来我的办公室，我给你补课。

A：好，谢谢您。

B：不用谢。


**生词  New words**

| | | |
|---|---|---|
| 病 | bìng | ill, sick |
| 现在 | xiànzài | now |
| 上 | shàng | last |
| 星期 | xīngqī | week |
| 上课 | shàng kè | to attend classes |
| 语法 | yǔfǎ | grammar |
| 懂 | dǒng | to understand |
| 给 | gěi | for |
| 补课 | bǔ kè | to make up a missed lesson |

## 四、练习  Exercises

1. 根据拼音写汉字 Write out the Chinese characters according to the *pinyin*

   qiānbǐ    shēntǐ    túshūguǎn    hǎojiǔ    zhī

   _____  _____  _____  _____  _____

|     | fēng | dōu | Yīngguó | Fǎguó | Hánguó |
| --- | --- | --- | --- | --- | --- |

_____     _____     _____     _____     _____

2. 给下列词、词组注音 Give *pinyin* for each of the following words and phrases

图书馆                铅笔                身体                好久

_____     _____     _____     _____

一枝铅笔        两个信封                都                饭馆
(restaurant)

_____     _____     _____     _____

一封信        英语        法语        语法        德语
(a letter)    (English)    (French)    (grammar)    (German)

_____     _____     _____     _____     _____

3. 描、写汉字 Trace and copy the following Chinese characters

| 久 | ③ ノ ク 久 | 久 | 久 | 久 | | | jiǔ<br>for a long time |
| --- | --- | --- | --- | --- | --- | --- | --- |
| 体 | ⑦ 亻 体 | 体 | 体 | 体 | | | tǐ<br>body |
| 都 | ⑩ 一 十 尹 者<br>都 | 都 | 都 | 都 | | | dōu<br>all |
| 了 | ② 了 了 | 了 | 了 | 了 | | | le<br>(a model particle) |
| 枝 | ⑧ 木 杧 枝 | 枝 | 枝 | 枝 | | | zhī<br>(a measure word) |
| 铅 | ⑩ 钅 钌 铅 铅 | 铅 | 铅 | 铅 | | | qiān<br>lead |
| 笔 | ⑩ ⺮ 笔 | 笔 | 笔 | 笔 | | | bǐ<br>pen |

56

| 封 | ⑨ 一 十 土 圭 圭 封 | 封 | 封 | 封 | | | | fēng (a measure word) |
|---|---|---|---|---|---|---|---|---|
| 图 | ⑧ ｜ 冂 冈 图 图 图 | 图 | 图 | 图 | | | | tú picture |
| 馆 | ⑪ 饣 饣 饣 馆 馆 馆 | 馆 | 馆 | 馆 | | | | guǎn hall |
| 英 | ⑧ 艹 艹 苂 苂 英 英 | 英 | 英 | 英 | | | | yīng hero |
| 法 | ⑧ 氵 法 | 法 | 法 | 法 | | | | fǎ law |
| 德 | ⑮ 彳 彳 德 德 德 | 德 | 德 | 德 | | | | dé morals |
| 韩 | ⑫ 十 古 卓 卓 卓 韩 韩 | 韩 | 韩 | 韩 | | | | Hán South Korea |

4. 将下列汉字按偏旁归类 Sort out the following Chinese characters according to their radicals

饭　室　法　找　很　饺　铅　枝　客　汉
等　馆　国　德　楼　字　钱　茶　汤　馒
换　家　苹　酒　笔　银　橘　图　行　没

宀：　　　　　　　氵：

饣：　　　　　　　艹：

彳：　　　　　　　扌：

竹：　　　　　　　木：

钅：　　　　　　　口：

5. 找出下列每组汉字中相同的部分 Find the shared part in each group of the following Chinese characters

_____ :问　号　给　吃　别

_____ :很　银　退　良　痕

57

_____ : 听 近 所 斥 欣

_____ : 完 玩 远 园 院

_____ : 贵 员 败 贸 质

_____ : 难 谁 集 雇 售

6. 用下列汉字组词(或词组) Combine the following Chinese characters to form words or phrases

| 码 | 银 | 鸡 | 行 | 先 | 发 | 名 | 容 | 易 | 字 |
| 音 | 苹 | 啤 | 酒 | 果 | 电 | 身 | 铅 | 知 | 蛋 |
| 道 | 面 | 橘 | 米 | 饺 | 封 | 饭 | 号 | 条 | 笔 |
| 体 | 瓜 | 上 | 办 | 话 | 子 | 生 | 西 | 午 | 公 |

_____  _____  _____  _____  _____

_____  _____  _____  _____  _____

_____  _____  _____  _____  _____

_____  _____  _____  _____  _____

_____  _____  _____  _____  _____

## 五、课外练习  Exercises after class

1. 选字填空 Fill in the blank with the appropriate character given in the brackets

(1) 苹果多_____钱一斤? (小, 少)

(2) 请问, _____书馆在哪儿? (图, 国)

(3) 这是我朋_____安娜。(友, 发)

(4) 我买_____个信封。(面, 两)

(5) 我要去_____行换钱。(银, 很)

(6) 我不知道他的电话号_____。(码, 吗)

(7) 汉字不_____易。(客, 容)

(8) 这是_____的铅笔？（难，谁）

(9) 三枝铅笔，五个信封，一_____1块钱。（公，共）

(10) 我换二_____美元。（百，白）

## 2. 阅读短文 Reading

我们班有 18 个学生，分别（fēnbié, respectively）来自（láizì, to come from）美国、英国、法国、德国、日本、西班牙、韩国、泰国。我们有两个老师，张老师教我们综合课，王老师教我们听力课和阅读课。我们学习很努力，上课认真听老师讲，下课以后自己写汉字、做练习。我们还常常跟中国朋友练习说汉语。老师说我们都是好学生。

# 第十三课 Lesson Thirteen
## Dì - shísān kè

## 一、生字　Characters

| | | | | | | |
|---|---|---|---|---|---|---|
| 留 | liú | to leave, to stay | 介 | jiè | |
| 对 | duì | right, correct | 绍 | shào | |
| 起 | qǐ | to get up | 教 | jiào (另读 jiāo) | to teach |
| 没 | méi | not have | 授 | shòu | to teach |
| 关 | guān | to close | 校 | xiào | school |
| 系 | xì | department | 长 | zhǎng | head |
| 们 | mén | | 意(大利) | Yì(dàlì) | Italy |
| 俩 | liǎ | two | 利 | lì | favorable |
| 和 | hé | and | | | |

## 二、字——词——词组　Character — word — phrase

| | | | |
|---|---|---|---|
| 留学——生 | 留学生 | liúxuéshēng | foreign student |
| 对——不起 | 对不起 | duìbuqǐ | sorry |
| 关——系 | 关系 | guānxi | relation |
| 没——关系 | 没关系 | méi guānxi | it doesn't matter |
| 我——们 | 我们 | wǒmen | we |
| 你——们 | 你们 | nǐmen | you |
| 他——们 | 他们 | tāmen | they |
| 她——们 | 她们 | tāmen | they |
| 我们——俩 | 我们俩 | wǒmenliǎ | we two |
| 你们——俩 | 你们俩 | nǐmenliǎ | you two |
| 他们——俩 | 他们俩 | tāmenliǎ | they two |
| 介——绍 | 介绍 | jièshào | to introduce |

60

| 教——授 | 教授 | jiàoshòu | professor |
| 教——室 | 教室 | jiàoshì | classroom |
| 校——长 | 校长 | xiàozhǎng | head of a school |
| 意——大——利 | 意大利 | Yìdàlì | Italy |
| 意大利——语 | 意大利语 | Yìdàlìyǔ | Italian（language） |

## 三、课文　Text

B、C：你好！

A（司机）：你们好！你们去哪儿？

B：我们去北京大学。

A：好，上车吧。

　　……

A：你们是留学生吧？

B：对，我们都是留学生。我叫山田，是日本人。

A：你是英国人吧？

C：不是，我是美国留学生。

A：对不起。

C：没关系。

A：你们学习什么？

B：我们学习汉语。

A：你们学校留学生多吗？

C：很多。美国人，日本人，韩国人，法国人，意大利人……

A：这么多！

　　……

A：这是北京大学。

B：谢谢你！

A：不客气。

**生词　New word**

| 上车 | shàng chē | to get on bus |
|---|---|---|
| 这么 | zhème | so, such |

## 四、练习　Exercises

1. 根据拼音写汉字 Write out the Chinese characters according to the *pinyin*

jiàoshòu　　liúxuéshēng　　duì bu qǐ　　méi guānxi　　jiàoshì

_____　_____　_____　_____　_____

jièshào　　xiàozhǎng

_____　_____

2. 给下列词组、词注音 Give *pinyin* for each of the following words and phrases

留学生　　对不起　　没关系　　校长　　教授　　教室

_____

| 我们 | 你们 | 他们 | 起床 | 不对 | 关心 |
|---|---|---|---|---|---|
|  |  |  | (to get up) | (wrong) | (concern) |

_____

| 汉语系 | 留学 | 关门 |
|---|---|---|
| (Chinese department) | (to study abroad) | (to close a door) |

_____

3. 将下列汉字按偏旁归类 Sort out the following Chinese characters according to their radicals

没　教　法　利　改　和　洗　到　意　科
您　数　种　别　思　注　租　放　念　刮

62

氵：

夂：

刂：

禾：

心：

## 4. 描、写汉字 Trace and copy the following Chinese characters

| 留 | ⑩ ⺧ ⺧ ⺧ ⺧ ⺧<br>⺧ ⺧ ⺧ 留 留 | 留 | 留 | 留 | | | | liú<br>to stay |
|---|---|---|---|---|---|---|---|---|
| 对 | ⑤ 又 对 | 对 | 对 | 对 | | | | duì<br>correct |
| 起 | ⑩ 一 十 土 キ キ<br>走 起 起 起 | 起 | 起 | 起 | | | | qǐ<br>to get up |
| 没 | ⑦ 氵 氵 沪 没 | 没 | 没 | 没 | | | | méi<br>not have |
| 关 | ⑥ 丶 丷 关 兰 关<br>关 | 关 | 关 | 关 | | | | guānxi<br>relation |
| 系 | ⑦ 一 ⺊ 玊 玄 系 | 系 | 系 | 系 | | | | |
| 们 | ⑤ 亻 们 | 们 | 们 | 们 | | | | men |
| 俩 | ⑨ 亻 俩 | 俩 | 俩 | 俩 | | | | liǎ<br>two |
| 和 | ⑧ 一 二 千 禾 禾<br>和 | 和 | 和 | 和 | | | | hé<br>and |
| 介 | ④ 人 个 介 | 介 | 介 | 介 | | | | jièshào<br>to introduce |
| 绍 | ⑧ 纟 纠 绍 绍 | 绍 | 绍 | 绍 | | | | |
| 教 | ⑪ 一 十 土 耂 孝<br>孝 孝 教 教 | 教 | 教 | 教 | | | | jiàoshòu<br>professor |
| 授 | ⑪ 扌 扩 护 护 护<br>护 护 授 | 授 | 授 | 授 | | | | |

| | | | | | | | |
|---|---|---|---|---|---|---|---|
| 校 | ⑩ 木 校 | 校 | 校 | 校 | | | xiàozhǎng<br>head of a<br>school |
| 长 | ④ ノ 一 长 长 | 长 | 长 | 长 | | | |
| 意 | ⑬ 音 意 | 意 | 意 | 意 | | | Yì<br>Italy |
| 利 | ⑦ 禾 利 | 利 | 利 | 利 | | | lì<br>favorable |

## 五、课外练习　Exercises after class

1. 汉字的组成与分解 Combination and division of the Chinese characters

(1) 组字 Combination

口　且　中　火　呈　只

禾：

（左右结构）

孝　娄　贝　方　古　正

文：

（左右结构）

(2) 分解 Division

没 ⁄＼　　授 ⁄＼　　利 ⁄＼　　校 ⁄＼

_____ 　 _____ 　 _____ 　 _____

绍 ⁄＼　　们 ⁄＼　　意 ⁄＼　　教 ⁄＼

_____ 　 _____ 　 _____ 　 _____

2. 查字典,给下列汉字注音 Consult the dictionary and give *pinyin* for each of the following Chinese characters

没　俩　校　长　和　意　利

沿　辆　较　卡　种　竟　剩

3. 阅读短文 Reading

　　我是日本留学生,我叫山田。我家在日本东京(Tokoy)。我在北京语言文化大学学习汉语。

　　这是我朋友安娜,她是美国人。那是我朋友玛丽,她是英国人。她们都是留学生,她们也在北京语言文化大学学习汉语。

## 第十四课　Lesson Fourteen
Dì - shísì kè

### 一、生字　Characters

| | | | | | | |
|---|---|---|---|---|---|---|
| 北 | běi | north | | 班 | bān | class |
| 京 | jīng | the capital of a country | | 听 | tīng | to listen |
| 言 | yán | word | | 说 | shuō | to speak |
| 文 | wén | writing | | 读 | dú | to read |
| 化 | huà | | | 写 | xiě | to write |
| 觉 | jué | to feel | | 练 | liàn | to exercise |
| 得 | de | | | 比 | bǐ | to compare |
| 新 | xīn | new | | 较 | jiào | comparatively |

### 二、字——词——词组　Character — word — phrase

| | | | |
|---|---|---|---|
| 北——京 | 北京 | Běijīng | Beijing |
| 语——言 | 语言 | yǔyán | language |
| 文——化 | 文化 | wénhuà | culture |
| 觉——得 | 觉得 | juéde | to feel |
| 听——说 | 听说 | tīng shuō | it is said |
| 比——较 | 比较 | bǐjiào | comparatively |
| 练——习 | 练习 | liànxí | to exercise |
| 读——书 | 读书 | dú shū | to read books |
| 写——字 | 写字 | xiě zì | to write |
| 北京语言文化大学 | | Běijīng Yǔyán Wénhuà Dàxué | Beijing Language and Culture University（BLCU） |

## 三、课文　Texts

A：你好！

B：你好！

A：你是留学生吧？

B：对，我是北京语言文化大学的留学生，我在那儿学习汉语。

A：汉语难吗？

B：我觉得汉语语法不太难，可是发音很难，汉字更难。


A：你好！你是留学生吗？

B：对，我是北京语言文化大学的留学生。你呢？

A：我也是北京语言文化大学的留学生。

B：我们是同学。你在哪个班？

A：我在 1302 班。你呢？

B：1503 班。

A：你觉得汉语难学吗？

B：我觉得汉语语法不难，可是发音、汉字都很难。

A：我觉得汉字最难。

B：对。我每天都练习写汉字。

A：我也是。


## 生词　New words

| 更 | gēng | more |
| 可是 | kěshì | but |
| 最 | zuì | most |
| 每天 | měitiān | everyday |

## 四、练习　Exercises

1. 根据拼音写汉字 Write out the Chinese characters according to the *pinyin*

Běijīng　　　　yǔyán　　　　wénhuà　　　　dàxué

_____　　_____　　_____　　_____

liànxí　　　　juéde　　　　xiě zì　　　　bǐjiào

_____　　_____　　_____　　_____

2. 给下列词注音 Give *pinyin* for each of the following words and phrases

北京语言文化大学　　　　　觉得　　　　可是　　　　每天

_____　_____　_____　_____

练习　　　　比较　　　　中文　　　　　　写汉字
　　　　　　　　　　　　（Chinese）　　　（to write characters）

_____　_____　_____　　_____

说汉语　　　　　　同班同学　　　　　　新书
（to speak Chinese）　（classmate）　　　（new book）

_____　_____　_____

3. 将下列汉字按偏旁归类 Sort out the following Chinese characters according to their

radicals

新　班　京　练　写　听　玩　给　军　六
所　红　冠　交　断　理　纸　高　亮　球

王：

亠：

纟：

一：

斤：

## 4. 描、写汉字 Trace and copy the following Chinese characters

| | | | | | | | | |
|---|---|---|---|---|---|---|---|---|
| 北 | ⑤ 丨 ｜ ｜ 土 北 北 | 北 | 北 | 北 | | | | Běijīng Beijing |
| 京 | ⑧ 、 一 亠 亠 京 | 京 | 京 | 京 | | | | |
| 言 | ⑦ 、 一 亠 言 言 | 言 | 言 | 言 | | | | yán word |
| 文 | ④ 、 一 亠 文 | 文 | 文 | 文 | | | | wénhuà culture |
| 化 | ④ 亻 亻 化 | 化 | 化 | 化 | | | | |
| 觉 | ⑨ 兴 觉 | 觉 | 觉 | 觉 | | | | juéde to feel |
| 得 | ⑪ 彳 彳 得 得 得 | 得 | 得 | 得 | | | | |
| 新 | ⑬ 、 亠 亠 立 立 立 辛 辛 亲 新 | 新 | 新 | 新 | | | | xīn new |
| 班 | ⑩ 一 二 千 王 王 珏 珏 班 班 | 班 | 班 | 班 | | | | bān class |
| 听 | ⑦ 口 听 | 听 | 听 | 听 | | | | tīng to listen |
| 说 | ⑨ 讠 讠 讠 说 说 | 说 | 说 | 说 | | | | shuō to speak |
| 读 | ⑩ 讠 讠 读 | 读 | 读 | 读 | | | | dú to read |
| 写 | ⑤ 冖 写 写 | 写 | 写 | 写 | | | | xiě to write |

| 练 | ⑧ 纟 纟 纟 纟<br>纟 纟 练 | 练 | 练 | 练 | | | liàn<br>to exercise |
| 比 | ④ 一 匕 匕 比 | 比 | 比 | 比 | | | bǐjiào<br>comparatively |
| 较 | ⑩ 一 土 车 车 较 | 较 | 较 | 较 | | | |

## 五、课外练习 Exercises after class

1. 汉字的组成与分解 Combination and division of the Chinese characters

   (1)组字 Combination

        交　俞　两　仑　专　甫

     车：

     （左右结构）

        求　元　见　里　朱　不

     王：

     （左右结构）

   (2)分解 Division

     京　　　　较　　　　觉　　　　新

     写　　　　练　　　　得

2. 查字典,给下列汉字注音 Consult the dictionary and give *pinyin* for each of the following Chinese characters

    北　文　化　觉　听　较　写

    比　丈　代　学　所　校　马

## 3. 阅读短文 Reading

　　我是北京语言文化大学的英国留学生，我叫玛丽。我在这儿(here)学习汉语。我觉得汉语语法不太难，可是，发音很难，汉字更难。我每天都练习发音，练习写汉字。

## 第十五课  Lesson Fifteen
Dì - shíwǔ kè

### 一、生字　Characters

| | | | | | | |
|---|---|---|---|---|---|---|
| 药 | yào | medicine | | 服 | fú | |
| 箱 | xiāng | box | | 雨 | yǔ | rain |
| 旧 | jiù | old | | 伞 | sǎn | umbrella |
| 词 | cí | word | | 瓶 | píng | bottle |
| 典 | diǎn | dictionary | | 香 | xiāng | fragrant |
| 品 | pǐn | article, product | | 盒 | hé | box |
| 有 | yǒu | to have, there be | | 磁 | cí | magnetic |
| 件 | jiàn | (a measure word) | | 带 | dài | ribbon |
| 衣 | yī | clothing | | | | |

### 二、字——词——词组　Character — word — phrase

| | | | |
|---|---|---|---|
| 中——药 | 中药 | zhōngyào | Chinese medicine |
| 箱——子 | 箱子 | xiāngzi | box, case |
| 词——典 | 词典 | cídiǎn | dictionary |
| 生——词 | 生词 | shēngcí | new word |
| 日——用——品 | 日用品 | rìyòngpǐn | basic commodities |
| 衣——服 | 衣服 | yīfu | clothes |
| 雨——伞 | 雨伞 | yǔsǎn | umbrella |
| 雨——衣 | 雨衣 | yǔyī | raincoat |
| 香——水 | 香水 | xiāngshuǐ | perfume |
| 磁——带 | 磁带 | cídài | tape |
| 一——件 | 一件 | yí jiàn | a piece of (clothes or product) |
| 一——瓶 | 一瓶 | yì píng | a bottle of |

一——盒　　　　　一盒　　　　　yì hé　　　　　a box of

一件衣服　　　　一瓶啤酒　　　一盒磁带

## 三、课文　Texts

A：这是什么，是酒吗？

B：这是中药，是药酒。

A：是你的吗？

B：不是我的，是我朋友的。


A：这是我的房间，怎么样？

B：不错。这是你的箱子吗？

A：不是，那个旧的是我的，这个新的是我同屋的。

B：这些衣服都是你的吗？

A：不都是。这些是我的，那些是我同屋的。

B：你的新词典不错。

A：那不是我的，也是我同屋的。


## 生词　New words

| | | |
|---|---|---|
| 药酒 | yàojiǔ | medicine wine |
| 房间 | fángjiān | house |
| 怎么样 | zěnmeyàng | how |
| 同屋 | tóngwū | roommate |
| 不错 | búcuò | O.K., not bad |

## 四、练习　Exercises

1. 根据拼音写汉字 Write out the Chinese characters according to the *pinyin*

yǔsǎn　　　　xiāngzi　　　　zhōngyào　　　　rìyòngpǐn

_____　　_____　　_____　　_____

cídài          yīfu          cídiǎn          xiāngshuǐ

_____          _____          _____          _____

2. 给下列词注音 Give *pinyin* for each of the following words

磁带                雨伞                香水                衣服

_____          _____          _____          _____

中药                词典                日用品                箱子

_____          _____          _____          _____

雨衣              毛衣              生词              饭盒              吃药
(raincoat)    (woolen sweater)    (new word)    (lunch-box)    (to take medicine)

_____      _____      _____      _____      _____

3. 将下列汉字按偏旁归类 Sort out the following Chinese characters according to their
radicals

箱　药　服　盒　伞　盆　答　草　合　胜
会　英　胖　盖　简　全　花　盘　篮　肥

⺮:

月:

人:

艹:

皿:

## 4. 描、写汉字 Trace and copy the following Chinese characters

| | | | | | | | | | |
|---|---|---|---|---|---|---|---|---|---|
| 药 | ⑨ 艹 艻 艻 药 药 | 药 | 药 | 药 | | | | yào medicine |
| 箱 | ⑮ 竹 笋 笋 箱 箱 箱 箱 | 箱 | 箱 | 箱 | | | | xiāng box |
| 旧 | ⑤ 丨 旧 | 旧 | 旧 | 旧 | | | | jiù old |
| 词 | ⑦ 讠 订 讯 词 | 词 | 词 | 词 | | | | cídiǎn dictionary |
| 典 | ⑧ 丨 冂 曰 由 曲 曲 典 典 | 典 | 典 | 典 | | | | |
| 品 | ⑨ 口 吕 品 | 品 | 品 | 品 | | | | pǐn article |
| 有 | ⑥ 一 广 有 | 有 | 有 | 有 | | | | yǒu to have |
| 件 | ⑥ 亻 亻 仁 仵 件 | 件 | 件 | 件 | | | | jiàn (a measure word) |
| 衣 | ⑥ 丶 亠 亣 衣 衣 衣 | 衣 | 衣 | 衣 | | | | yīfu clothes |
| 服 | ⑧ 月 刖 胆 服 | 服 | 服 | 服 | | | | |
| 雨 | ⑧ 一 厂 冂 币 雨 雨 雨 雨 | 雨 | 雨 | 雨 | | | | yǔsǎn umbrella |
| 伞 | ⑥ 人 伞 伞 伞 伞 | 伞 | 伞 | 伞 | | | | |
| 瓶 | ⑩ 丷 兰 羊 并 并 瓶 瓶 瓶 | 瓶 | 瓶 | 瓶 | | | | píng bottle |
| 磁 | ⑭ 石 矿 矿 磁 磁 磁 磁 磁 | 磁 | 磁 | 磁 | | | | cídài tape |
| 带 | ⑨ 一 丗 丗 带 带 带 带 | 带 | 带 | 带 | | | | |
| 香 | ⑨ 一 二 千 禾 香 | 香 | 香 | 香 | | | | xiāng fragrant |

## 五、课外练习 **Exercises after class**

1. 汉字的组成与分解 Combination and division of the Chinese characters

(1)组字 Combination

月　半　生　干　巴　庄

月：

（左右结构）

相　合　天　毛　间　官

⺮：

（上下结构）

(2)分解 Division

服　　　磁　　　盒　　　品

药　　　瓶　　　箱　　　香

2. 查字典,给下列汉字注音 Consult the dictionary and give *pingin* for each of the following Chinese characters

酒　雨　衣　服　词　盒　品　借

洒　两　农　报　河　盆　晶　错

3. 阅读短文 Reading

　　这是我的房间。我跟(gēn,with)我的朋友住。她是意大利人。我们的房间不太大。这个旧箱子是我的,那个新的是我朋友的。她的衣服很多,我的不太多。这些书、词典是她的,那些是我的。我们的房间不错。你觉得怎么样?

## 第十六课 Lesson Sixteen
### Dì - shíliù kè

### 一、生字　Characters

| | | | | | | |
|---|---|---|---|---|---|---|
| 自 | zì | oneself | | 忙 | máng | busy |
| 作 | zuò | to do | | 辆 | liàng | (a measure word for vehicle) |
| 怎 | zěn | how | | 颜 | yán | color |
| 样 | yàng | appearance, pattern | | 色 | sè | color |
| 最 | zuì | most | | 红 | hóng | red |
| 近 | jìn | near | | 黄 | huáng | yellow |
| 刚 | gāng | just, only a short while ago | | 蓝 | lán | blue |
| 开 | kāi | to open | | 绿 | lǜ | green |
| 点 | diǎn | a little | | 黑 | hēi | black |

### 二、字——词——词组　Character — word — phrase

| | | | |
|---|---|---|---|
| 自——行——车 | 自行车 | zìxíngchē | bicycle |
| 工——作 | 工作 | gōngzuò | to do |
| 怎——么——样 | 怎么样 | zěnmeyàng | how |
| 最——近 | 最近 | zuìjìn | recently |
| 开——学 | 开学 | kāi xué | school starts, term begins |
| 有——点——儿 | 有点儿 | yǒudiǎnr | a little |
| 颜——色 | 颜色 | yánsè | color |
| 红——色 | 红色 | hóngsè | red |
| 黄——色 | 黄色 | huángsè | yellow |
| 绿——色 | 绿色 | lǜsè | green |
| 蓝——色 | 蓝色 | lánsè | blue |
| 黑——色 | 黑色 | hēisè | black |

| | | | |
|---|---|---|---|
| 还——是 | 还是 | háishì | or |
| 自——学 | 自学 | zìxué | to study by oneself |
| 作——家 | 作家 | zuòjiā | writer |
| 开——车 | 开车 | kāi chē | to drive |
| 开——水 | 开水 | kāishuǐ | boiled water |
| 很——忙 | 很忙 | hěn máng | very busy |
| 红——的 | 红的 | hóngde | red |
| 黄——的 | 黄的 | huángde | yellow |
| 绿——的 | 绿的 | lǜde | green |
| 蓝——的 | 蓝的 | lánde | blue |
| 黑——的 | 黑的 | hēide | black |

工作很忙　　　学习很忙　　　今天很忙　　　最近很忙
红的还是黑的　黄的还是蓝的　新的还是旧的　大的还是小的

## 三、课文　Texts

A：我的自行车呢？

B：这辆是不是你的？

A：不是，这辆车不是我的。

B：你的车是什么颜色的？是红的还是蓝的？

A：不是红的，是蓝的。

B：是新的还是旧的？

A：新的，刚买的。

B：那辆是不是你的？

A：是我的。谢谢你。

B：不谢。

A：好久不见了，最近怎么样？

B：刚开学，有点儿忙。你最近好吗？

A：还不错。这是什么？

B：汉英词典，我刚买的。

A：这本词典怎么样？

B：不错。

A：是吗？那我也去买一本。

## 四、练习　Exercises

1. 根据拼音写汉字 Write out the Chinese characters according to the *pinyin*

gōngzuò　　　　zuìjìn　　　　yánsè　　　　zěnmeyàng

_____　　_____　　_____　　_____

zìxíngchē　　　　yǒudiǎnr　　　　háishì

_____　　_____　　_____


2. 给下列词注音 Give *pinyin* for each of the following words

自行车　　　　颜色　　　　最近　　　　还是

_____　　_____　　_____　　_____

工作　　　　有点儿　　　　怎么样　　　　红色

_____　　_____　　_____　　_____

黄色　　　　绿色　　　　蓝色　　　　黑色

_____　　_____　　_____　　_____

不忙　　　　开门　　　　作文
（not busy）　（to open the door）　（composition）

_____　　_____　　_____

没有
（not have）

工人
（worker）

作用
（function）

_____    _____    _____

3. 将下列汉字按偏旁归类 Sort out the following Chinese characters according to their radicals

没 点 颜 忙 近 黑 江 顶 快 进
海 怕 过 项 照 恨 油 顺 连 烈

灬：

忄：

页：

辶：

氵：

4. 描、写汉字 Trace and copy the following Chinese characters

| 自 | ⑥ ′ 丆 白 白 自 自 | 自 | 自 | 自 | | | zì<br>oneself |
|---|---|---|---|---|---|---|---|
| 作 | ⑦ 亻 亻 亻 作 作 作 | 作 | 作 | 作 | | | zuò<br>to do |
| 怎 | ⑨ 乍 怎 | 怎 | 怎 | 怎 | | | zěnyàng<br>how |
| 样 | ⑩ 木 术 杧 栏 栏 栏 样 | 样 | 样 | 样 | | | |
| 最 | ⑫ 日 旦 旦 昌 昌 昌 冒 最 | 最 | 最 | 最 | | | zuìjìn<br>recently |
| 近 | ⑦ 斤 近 | 近 | 近 | 近 | | | |
| 刚 | ⑥ 丨 冂 冈 冈 刚 | 刚 | 刚 | 刚 | | | gāng<br>just |

80

| | | | | | | | | | |
|---|---|---|---|---|---|---|---|---|---|
| 开 | ④ 一 二 于 开 | 开 | 开 | 开 | | | | | kāi<br>to open |
| 点 | ⑨ 丶 丨 十 占 占 占<br>点 点 点 | 点 | 点 | 点 | | | | | diǎn<br>a little |
| 忙 | ⑥ 丶 丶 忄 忄 忙 忙 | 忙 | 忙 | 忙 | | | | | máng<br>busy |
| 辆 | ⑪ 一 土 车 车 辆 | 辆 | 辆 | 辆 | | | | | liàng<br>(a measure<br>word) |
| 颜 | ⑮ 丶 亠 立 产 产 产<br>彦 彦 彦 彦 彦 颜 颜 | 颜 | 颜 | 颜 | | | | | yánsè<br>color |
| 色 | ⑥ 丿 夕 色 | 色 | 色 | 色 | | | | | |
| 红 | ⑥ 纟 红 | 红 | 红 | 红 | | | | | hóng<br>red |
| 黄 | ⑪ 一 土 土 苧 苧 苧<br>苧 苗 苗 黄 黄 | 黄 | 黄 | 黄 | | | | | huáng<br>yellow |
| 绿 | ⑪ 纟 纟 纟 纾 纾<br>纾 绿 绿 | 绿 | 绿 | 绿 | | | | | lǜ<br>green |
| 蓝 | ⑬ 艹 艹 苧 苧 苧<br>莅 莅 茋 茋 蓝 蓝 | 蓝 | 蓝 | 蓝 | | | | | lán<br>blue |
| 黑 | ⑫ 丨 冂 冈 冈 冋<br>罒 罒 罒 罦 黑 | 黑 | 黑 | 黑 | | | | | hēi<br>black |

## 五、课外练习　Exercises after class

1. 汉字的组成与分解 Combination and division of the Chinese characters

　（1）组字 Combination

　　　　　占　　执　　木　　能　　前　　列


　　　灬：

　（上下结构）

　　　　　亡　　俞　　曼　　乙　　京　　不


　　　忄：

　（左右结构）

寸　不　斤　元　力　舌

辶：

（半包围结构）

(2) 分解 Division

最　　　　辆　　　　颜　　　　忙

_____

绿　　　　近　　　　点　　　　色

_____

2. 查字典，给下列汉字注音 Consult the dictionary and give *pinyin* for each of the following Chinese characters

自　开　色　蓝　黑　近　刚

白　并　包　篮　墨　返　则

3. 阅读短文 Reading

最近我买了(to have bought)一辆自行车。这辆自行车是蓝色的。我每天都骑(qí, to ride)它(tā, it)去上课。明天我要跟(gēn, with)我的朋友去天安门，我们骑车去。

# 第十七课 Lesson Seventeen
Dì - shíqī kè

## 一、生字　Characters

| | | | | | | |
|---|---|---|---|---|---|---|
| 全 | quán | whole | 经 | jīng | to deal in, manage |
| 照 | zhào | to take a picture | 理 | lǐ | to manage |
| 片 | piàn | thin piece | 律 | lǜ | law |
| 只 | zhǐ | only | 外 | wài | outside |
| 做 | zuò | to do | 贸 | mào | trade |
| 医 | yī | medicine | 职 | zhí | post, office |
| 院 | yuàn | | 员 | yuán | member |
| 商 | shāng | business, commerce | 概 | gài | about, approximately |

## 二、字——词——词组　Character — word — phrase

| | | | |
|---|---|---|---|
| 全——家 | 全家 | quán jiā | the whole family |
| 照——片 | 照片 | zhàopiàn | photo |
| 医——院 | 医院 | yīyuàn | hospital |
| 商——店 | 商店 | shāngdiàn | shop |
| 经——理 | 经理 | jīnglǐ | manager |
| 律——师 | 律师 | lǜshī | lawyer |
| 职——员 | 职员 | zhíyuán | office member |
| 外——贸 | 外贸 | wàimào | foreign trade |
| 外——国 | 外国 | wàiguó | foreign country |
| 大——概 | 大概 | dàgài | about |
| 只——有 | 只有 | zhǐyǒu | only |

| 医——生 | 医生 | yīshēng | doctor |
| 医——学 | 医学 | yīxué | medical science |
| 学——院 | 学院 | xuéyuàn | college |
| 做——饭 | 做饭 | zuò fàn | to cook |
| 外——币 | 外币 | wàibì | foreign currency |

医学院　　　文学院　　　工学院　　　汉语学院　　　外语学院

全家　　　　全班　　　　全院　　　　全国

## 三、课文　Texts

A：这是你们全家的照片吗？

B：对。我家有五口人：爸爸、妈妈、哥哥、姐姐和我。

A：你爸爸做什么工作？

B：他是医生，在医院工作。

A：你妈妈呢？

B：我妈妈是老师。

A：你姐姐做什么工作？

B：她在银行工作，她是职员。我哥哥在外贸公司工作，是经理。

A：他的公司大吗？

B：不太大，大概有200人。


A：这是谁的照片？

B：这是我们全家的照片。

A：这是你爸爸妈妈吧？

B：对。

A：他们做什么工作？

B：我爸爸是职员，他在银行工作。我妈妈不工作，她在家。

A：这是你弟弟吗？

B：不，这是我哥哥，他是律师。

A：这是谁？

B：这是我呀！

## 四、练习　Exercises

1. 根据拼音写汉字 Write out the Chinese characters according to the *pinyin*

yīyuàn　　　　wàimào　　　　zhàopiàn　　　　zhíyuán

_____　　_____　　_____　　_____

dàgài　　　　shāngdiàn　　　　lǜshī　　　　jīnglǐ

_____　　_____　　_____　　_____

2. 给下列词注音 Give *pinyin* for each of the following words

外贸　　　　职员　　　　医院　　　　照片

_____　　_____　　_____　　_____

大概　　　　商店　　　　经理　　　　律师

_____　　_____　　_____　　_____

医生　　　　法律　　　　学院　　　　做客
（doctor）　（law）　　（college）　（to be a guest）

_____　　_____　　_____　　_____

职工　　　　只有　　　　贸易
（workers）　（only）　　（trade）

_____　　_____　　_____

3. 将下列汉字按偏旁归类 Sort out the following Chinese characters according to their radicals

医 院 职 店 除 区 队 取 床 匹
阳 匠 联 应 耽 阵 座 聪 庄 巨

匚:

阝:

耳:

广:

4. 描、写汉字 Trace and copy the following Chinese characters

| 全 | ⑥ 人 人 스 仝 全 | 全 | 全 | 全 | | | quán<br>whole |
|---|---|---|---|---|---|---|---|
| 照 | ⑬ 日 职 职 昭 照 | 照 | 照 | 照 | | | zhàopiàn<br>picture |
| 片 | ④ 丿 丿 广 片 | 片 | 片 | 片 | | | |
| 只 | ⑤ 口 只 只 | 只 | 只 | 只 | | | zhǐ<br>only |
| 做 | ⑪ 亻 什 估 估 估<br>做 做 | 做 | 做 | 做 | | | zuò<br>to do |
| 医 | ⑦ 一 医 医 | 医 | 医 | 医 | | | yīyuàn<br>hospital |
| 院 | ⑨ 阝 阵 院 院 | 院 | 院 | 院 | | | |
| 商 | ⑪ 亠 亠 亠 产 产<br>产 产 商 商 | 商 | 商 | 商 | | | shāngdiàn<br>shop |
| 店 | ⑧ 广 店 | 店 | 店 | 店 | | | |
| 经 | ⑧ 纟 纟 经 经 | 经 | 经 | 经 | | | jīnglǐ<br>manager |
| 理 | ⑪ 王 珇 珇 珇 珇<br>珇 理 理 | 理 | 理 | 理 | | | |

86

| 律 | ⑨亻 彳 彳 律 律 律 律 | 律 | 律 | 律 | | | | lǜ<br>law |
|---|---|---|---|---|---|---|---|---|
| 概 | ⑬木 杧 杧 杧 椒<br>椒 椒 椥 概 | 概 | 概 | 概 | | | | gài<br>about |
| 职 | ⑪一 丆 丌 耶 耵<br>耳 职 | 职 | 职 | 职 | | | | zhíyuán<br>office member |
| 员 | ⑦口 尸 呂 吊 员 | 员 | 员 | 员 | | | | |
| 外 | ⑤夕 列 外 | 外 | 外 | 外 | | | | wàimào<br>foreign trade |
| 贸 | ⑨卯 贸 | 贸 | 贸 | 贸 | | | | |

## 五、课外练习　Exercises after class

1. 汉字的组成与分解 Combination and division of the Chinese characters

（1）组字 Combination

完　　人　　车　　示　　东　　付

阝：

（左右结构）

八　　贝　　木　　儿　　力　　虫

口：

（上下结构）

（2）分解 Division

职　　　　律　　　　概　　　　照

经　　　　理　　　　外　　　　贸

店　　　　医

2. 查字典,给下列汉字注音 Consult the dictionary and give *pinyin* for each of the following Chinese characters

| 全 | 贸 | 司 | 公 | 外 | 片 | 理 | 员 |
|---|---|---|---|---|---|---|---|
| 金 | 留 | 同 | 么 | 处 | 斤 | 埋 | 贵 |

3. 阅读短文 Reading

这是我们全家的照片。我家有六口人:爸爸、妈妈、哥哥、姐姐、弟弟和我。我爸爸是大学老师。妈妈不工作,她在家。我姐姐是医生,她在一家医院工作。我哥哥是律师。我和弟弟都是学生,弟弟是中学生,我是大学生。我在北京语言文化大学学习汉语。我喜欢(xǐhuan,to like)学习汉语。

## 第十八课  Lesson Eighteen
Dì - shíbā kè

### 一、生字  Characters

| | | | | | | |
|---|---|---|---|---|---|---|
| 宿 | sù | to put up for the night | 画 | huà | to draw, picture |
| 舍 | shè | house | 报 | bào | newspaper, periodical, to announce |
| 里 | lǐ | in, inside | 但 | dàn | but |
| 房 | fáng | house, room | 净 | jìng | clean |
| 间 | jiān | room | 安 | ān | quiet, calm |
| 桌 | zhuō | table, desk | 静 | jìng | quiet, calm |
| 椅 | yǐ | chair | 喜 | xǐ | to like, to be fond of |
| 架 | jià | shelf | 看 | kàn | to look |
| 柜 | guì | cupboard | | | |

### 二、字——词——词组  Character — word — phrase

| | | | |
|---|---|---|---|
| 宿——舍 | 宿舍 | sùshè | dormitory |
| 房——间 | 房间 | fángjiān | room |
| 桌——子 | 桌子 | zhuōzi | table, desk |
| 椅——子 | 椅子 | yǐzi | chair |
| 书——架 | 书架 | shūjià | bookshelf |
| 衣——柜 | 衣柜 | yīguì | wardrobe |
| 画——报 | 画报 | huàbào | pictorial |
| 但——是 | 但是 | dànshì | but |
| 干——净 | 干净 | gānjìng | clean |
| 安——静 | 安静 | ānjìng | quiet |
| 喜——欢 | 喜欢 | xǐhuan | to like |

## 三、课文　Texts

安娜：田中，你的房间真干净啊！

田中：谢谢夸奖。请坐，请坐。喝什么？咖啡、茶，还是可口可乐？

安娜：我要咖啡。

玛丽：我要可口可乐。

田中：山田，你呢？

山田：我要茶。

田中：好，等一会儿。

安娜：山田，他的房间总这么干净吗？

山田：不是。他知道你们要来，今天下午刚整理的。

玛丽：啊，是这样。


安娜：田中，你喜欢看小说吗？

田中：喜欢，很喜欢。你看，书架上的这些小说都是我的。

安娜：这本小说怎么样？

田中：好看极了。

安娜：你给我们介绍介绍，好吗？

田中：以后吧。来，先喝咖啡。玛丽，你的可口可乐。

安娜、玛丽：谢谢。

田中：山田，喝茶吧，茶凉了。

山田：好，谢谢。


## 生词　New words

| 真 | zhēn | really, indeed |
|---|---|---|
| 夸奖 | kuājiǎng | to praise |
| 咖啡 | kāfēi | coffee |

90

| 可口可乐 | kěkǒukělè | Coca Cola |
| 总 | zǒng | always |
| 整理 | zhěnglǐ | to put in order |
| 小说 | xiǎoshuō | novel |
| 好看 | hǎokàn | interesting，fine，nice |
| ……极了 | jíle | extremely |
| 凉 | liáng | cool |

## 四、练习　Exercises

1. 根据拼音写汉字 Write out the Chinese characters according to the *pinyin*

huàbào　　fángjiān　　yīguì　　yǐzi　　zhuōzi　　gānjìng

_____　_____　_____　_____　_____　_____

dànshì　　xǐhuan　　ānjìng　　sùshè　　shūjià

_____　_____　_____　_____　_____

2. 给下列词注音 Give *pinyin* for each of the following words

桌子　　　　　椅子　　　　　房间　　　　　画报

_____　　_____　　_____　　_____


宿舍　　　　　安静　　　　　喜欢　　　　　衣柜

_____　　_____　　_____　　_____


干净　　　　　但是　　　　　书架

_____　　_____　　_____


中间　　　　　房子　　　　　报名　　　　　安全
（middle）　　（house）　　（to sign up）　　（safe）

_____　　_____　　_____　　_____

看书
（to read books）

看报
（to read newspaper）

中国画
（traditional Chinese painting）

_____    _____    _____

3. 描、写汉字 Trace and copy the following Chinese characters

| | | | | | | | |
|---|---|---|---|---|---|---|---|
| 宿 | ⑪ 宀 宀 宿 | 宿 | 宿 | 宿 | | | sùshè dormitory |
| 舍 | ⑧ 人 入 亽 合 全 舍 | 舍 | 舍 | 舍 | | | |
| 里 | ⑦ 丨 冂 日 日 旦 甲 里 | 里 | 里 | 里 | | | lǐ in |
| 房 | ⑧ 丶 宀 宀 户 房 | 房 | 房 | 房 | | | fángjiān room |
| 间 | ⑦ 门 间 | 间 | 间 | 间 | | | |
| 桌 | ⑩ 丶 卜 宀 卢 卢 卓 桌 | 桌 | 桌 | 桌 | | | zhuō table |
| 椅 | ⑫ 木 杧 杧 杧 椅 椅 | 椅 | 椅 | 椅 | | | yǐ chair |
| 架 | ⑨ 乛 力 加 架 | 架 | 架 | 架 | | | jià shelf |
| 柜 | ⑧ 木 杧 杧 柜 柜 | 柜 | 柜 | 柜 | | | guì wardrobe |
| 画 | ⑧ 一 丁 冂 兀 兀 冊 画 画 | 画 | 画 | 画 | | | huàbào pictorial |
| 报 | ⑦ 扌 报 | 报 | 报 | 报 | | | |
| 但 | ⑦ 亻 但 但 | 但 | 但 | 但 | | | dàn but |
| 净 | ⑧ 丶 丷 丷 浐 浐 冷 冷 净 | 净 | 净 | 净 | | | jìng clean |
| 安 | ⑥ 宀 安 | 安 | 安 | 安 | | | ānjìng quiet |
| 静 | ⑭ 青 静 | 静 | 静 | 静 | | | |

| | | | | | | | | |
|---|---|---|---|---|---|---|---|---|
| 喜 | ⑫ 一 十 圭 吉 喜<br>壴 壴 喜 | 喜 | 喜 | 喜 | | | | xǐ<br>to like |
| 看 | ⑨ 一 二 三 手 手<br>看 看 看 看 | 看 | 看 | 看 | | | | kàn<br>to look |

4. 将下列汉字按偏旁部首归类 Sort out the following Chinese characters according to their radicals

    绍 教 介 椅 怎 英 京 概 伞 红

    言 黑 练 个 柜 六 较 蓝 经 样

    橘 衣 给 校 您 全 码 点 辆 会

    今 做 绿 磁 意 舍 桌 药 照 枝

攵:             亠:

人:             纟:

灬:             石:

木:             心:

车:

5. 找出下列每组汉字中相同的部分 Find the shared part in each group of the following Chinese characters

_____:旧 间 但 得 照 时

_____:有 服 明 育 肥 前

_____:留 绍 贸 照 分 切

_____:全 理 玩 弄 住 程

_____:红 经 左 功 差 试

6. 用下列汉字组词(或词组) Combine the following Chinese characters to form words or phrases

    介 桌 教 语 觉 文 比 练 词 衣

典　习　较　化　得　言　授　椅　绍　职
箱　安　宿　房　书　画　但　喜　雨　香
最　颜　照　医　商　经　律　理　店　院
师　色　近　带　水　伞　欢　是　报　架
舍　静　子　贸　员　服　外　磁　片　间

_____　_____　_____　_____　_____

_____　_____　_____　_____　_____

_____　_____　_____　_____　_____

_____　_____　_____　_____　_____

_____　_____　_____　_____　_____

## 五、课外练习　Exercises after class

1. 选字填空 Fill in the blank with the appropriate character given in the brackets

(1) 他的房_____是 1302 号。(间,问)

(2) 汉语发音_____较难。(北,比)

(3) 他哥哥是一家公司的经_____。(里,理)

(4) 她的宿舍很干_____。(静,净)

(5) 我是_____学生,在北京语言文化大学学习汉语。(留,贸)

(6) 我_____一本新《汉英词典》。(有,友)

(7) 他们_____是同班同学。(两,俩)

(8) 他喜欢看画_____。(报,服)

(9) 你的车是什么颜_____的?(包,色)

(10) 我最_____很忙。(进,近)

## 2. 阅读短文 Reading

　　这是我的宿舍。房间不太大，不过挺干净、挺整齐的，是吧？我的同屋是个意大利人。他也在这儿学习汉语。我们俩都喜欢看书，他喜欢看画报，我喜欢看小说。你看，这些画报都是他的，那个书架上的小说都是我的。这本《静静的小河》是我刚买的，朋友介绍说这本小说很好看，我也想看看。

## 第十九课 Lesson Nineteen
### Dì - shíjiǔ kè

### 一、生字  Characters

| | | | | | | |
|---|---|---|---|---|---|---|
| 常 | cháng | often | 料 | liào | material |
| 跟 | gēn | with | 影 | yǐng | film, movie |
| 晚 | wǎn | late, evening | 复 | fù | to revise |
| 走 | zǒu | to walk, to go | 或 | huò | or |
| 借 | jiè | to borrow | 者 | zhě | |
| 时 | shí | time | 预 | yù | beforehand |
| 候 | hòu | time | 视 | shì | to watch |
| 查 | chá | to look up, to look into | 休 | xiū | to rest |
| 资 | zī | | 息 | xī | to rest |

### 二、字──词──词组──句子
### Character — word — phrase — sentence

| | | | |
|---|---|---|---|
| 常──常 | 常常 | chángcháng | often |
| 晚──上 | 晚上 | wǎnshang | evening |
| 借──书 | 借书 | jiè shū | to borrow books |
| 晚──饭 | 晚饭 | wǎnfàn | dinner |
| 时──候 | 时候 | shíhou | time |
| 有──时候 | 有时候 | yǒushíhou | sometimes |
| 资──料 | 资料 | zīliào | data, information |
| 电──影 | 电影 | diànyǐng | film, movie |
| 电──视 | 电视 | diànshì | TV |
| 复──习 | 复习 | fùxí | to review |
| 预──习 | 预习 | yùxí | to preview |

| 或——者 | 或者 | huòzhě | or |
|---|---|---|---|
| 休——息 | 休息 | xiūxi | to have a rest |

书 借书 去吧

看书 去图书馆借书 一起去吧

在宿舍看书 常常去图书馆借书 咱们一起去吧。

我晚上在宿舍看书。 我常常去图书馆借书。

## 三、课文　Texts

1. 会话 Conversation

山田：玛丽，你去哪儿？

玛丽：我去图书馆。

山田：你去借书吗？

玛丽：对，借书，也还书。

山田：你常常去图书馆吗？

玛丽：常去。我常常在那儿看书，有时候查资料。你呢？

山田：我不常去。

玛丽：今天你想跟我一起去吗？

山田：好吧，我也去借几本书。

**生词　New word**

| 还 | huán | to return |
|---|---|---|
| 想 | xiǎng | to want |

读后判断正误 Decide whether the following statements are true or false according to the above conversation

(1) 玛丽去图书馆。(　　)

(2) 玛丽常常在图书馆看书。(　　)

(3) 山田也常去图书馆。(　　)

(4) 今天山田跟玛丽一起去图书馆。(　　)

## 2. 短文 Passage

　　我们学校有一个图书馆。图书馆很大，有很多书。每天都有很多人去那儿看书、借书、还书。我也常常去图书馆。有时候，我去那儿看书、学习，有时候我去那儿查资料。今天我要去那儿查资料，我正在写一篇文章，是关于中国历史的。这是我第一次用汉语写文章。

### 生词　New words

| | | |
|---|---|---|
| 正在 | zhèngzài | (to indicate an action in progress) |
| 篇 | piān | (a measure word) |
| 文章 | wénzhāng | article |
| 关于 | guānyú | about |
| 历史 | lìshǐ | history |
| 第一 | dì-yī | first |
| 次 | cì | (a measure word) time |

读后回答问题 Answer the following questions according to the above passage

　　(1) 我们学校的图书馆怎么样？

　　(2) "我"常去图书馆做什么？

　　(3) 今天"我"去图书馆做什么？

　　(4) "我"要写一篇什么文章？

## 四、练习　Exercises

1. 根据拼音写汉字 Write out the Chinese characters according to the *pinyin*

yǒushíhou　　zīliào　　jiè shū　　xiūxi　　zánmen

_____　　_____　　_____　　_____　　_____

diànyǐng　　chángcháng　diànyǐng　　diànshì　　fùxí

_____　　_____　　_____　　_____　　_____

98

yùxí        huòzhě        wǎnshang

_____        _____        _____

2. 给下列词注音 Give *pinyin* for each of the following words

资料            电视            时候            电影

_____        _____        _____        _____

预习            常常            咱们            复习

_____        _____        _____        _____

休息            晚上            或者            时间
                                            （time）

_____        _____        _____        _____

电影院          电视台          作者            读者
（cinema）      （TV station）   （author）       （reader）

_____        _____        _____        _____

3. 描出下列汉字中与左边相同的部分 Trace in the following Chinese characters the same parts as those in the left column

日：晚  早  旧  间  查

贝：资  侧  预  财  质

彡：影  须  彩  参  颜

见：视  览  现  觉  观

99

## 4. 描、写汉字 Trace and copy the following Chinese characters

| 常 | ⑪ 常 常 常 常 | 常 | 常 | 常 | | | | cháng often |
|---|---|---|---|---|---|---|---|---|
| 跟 | ⑬ 跟 | 跟 | 跟 | 跟 | | | | gēn with |
| 晚 | ⑪ 晚 晚 晚 | 晚 | 晚 | 晚 | | | | wǎn late |
| 走 | ⑦ 走 走 | 走 | 走 | 走 | | | | zǒu to go |
| 借 | ⑩ 借 | 借 | 借 | 借 | | | | jiè to borrow |
| 时 | ⑦ 时 时 | 时 | 时 | 时 | | | | shíhou time |
| 候 | ⑩ 候 | 候 | 候 | 候 | | | | |
| 查 | ⑨ 查 查 | 查 | 查 | 查 | | | | chá to check |
| 资 | ⑩ 资 | 资 | 资 | 资 | | | | zīliào data |
| 料 | ⑩ 料 | 料 | 料 | 料 | | | | |
| 影 | ⑮ 影 影 影 | 影 | 影 | 影 | | | | yǐng film |
| 复 | ⑨ 复 | 复 | 复 | 复 | | | | fù to revise |
| 或 | ⑧ 或 或 | 或 | 或 | 或 | | | | huòzhě or |
| 者 | ⑧ 者 | 者 | 者 | 者 | | | | |
| 预 | ⑩ 预 | 预 | 预 | 预 | | | | yù beforehand |
| 视 | ⑧ 视 | 视 | 视 | 视 | | | | shì to watch |
| 休 | ⑥ 休 | 休 | 休 | 休 | | | | xiūxi to rest |
| 息 | ⑩ 息 | 息 | 息 | 息 | | | | |

## 五、课外练习　Exercises after class

1. 汉字的组成与分解 Combination and division of the Chinese characters
   (1)组字 Combination

   免　月　寸　乍　青　音

   日：

   （左右结构）

   艮　易　兆　包　巨　各

   𧾷：

   （左右结构）

   (2)分解 Division

   预　　　　查　　　　时　　　　料

   ────────────────────────

   影　　　　借　　　　息　　　　视

   ────────────────────────

   跟　　　　资　　　　晚　　　　须

   ────────────────────────

2. 查字典，给下列汉字注音 Consult the dictionary and give *pinyin* for each of the following Chinese characters

   跟　料　休　候　视　晚　复　者

   很　科　体　侯　现　唤　夏　老

3. 阅读短文 Reading

   我们学校的图书馆里有两个阅览室，一个是报刊阅览室，一个是图书阅览室。图书阅览室里有很多书：语言、历史、经济、哲学,等等。报刊阅览室里的报纸和杂志也不少,中文的、外文的都有。每天都有很多老师和学生去阅览室看书、看报、看杂志,我也常常去那儿。

4. 预习(查词典给下列词语注音并了解其意思) Preview: look up each of the following words in the dictionary, note down the *pinyin* and get to know its meaning

| 正 | 来 | 教 | 课 | 事 | 骑 |
|---|---|---|---|---|---|
| _____ | _____ | _____ | _____ | _____ | _____ |

| 现在 | 听力 | 录音 | 音乐 | 上课 |
|---|---|---|---|---|
| _____ | _____ | _____ | _____ | _____ |

| 书店 | 综合 | 阅读 | 英汉 | 体育 |
|---|---|---|---|---|
| _____ | _____ | _____ | _____ | _____ |

## 第二十课 Lesson Twenty
### Dì - èrshí kè

### 一、生字 Characters

| | | | | | | |
|---|---|---|---|---|---|---|
| 正 | zhèng | just, right | | 课 | kè | lesson |
| 来 | lái | to come | | 综 | zōng | |
| 录 | lù | to record | | 合 | hé | |
| 骑 | qí | to ride | | 力 | lì | ability |
| 乐 | yuè | music | | 阅 | yuè | to read |
| 事 | shì | affair | | 育 | yù | to educate |
| 现 | xiàn | now | | | | |

### 二、字——词——词组——句子
### Character — word — phrase — sentence

| | | | |
|---|---|---|---|
| 正——在 | 正在 | zhèngzài | in the process of |
| 录——音 | 录音 | lùyīn | to record |
| 听——录音 | 听录音 | tīng lùyīn | to listen to the recording |
| 骑——自行车 | 骑自行车 | qí zìxíngchē | to ride a bicycle |
| 音——乐 | 音乐 | yīnyuè | music |
| 现——在 | 现在 | xiànzài | now |
| 上——课 | 上课 | shàng kè | to attend classes |
| 课——文 | 课文 | kèwén | text |
| 综——合 | 综合 | zōnghé | comprehensive |
| 听——力 | 听力 | tīnglì | listening comprehension |
| 体——育 | 体育 | tǐyù | physical education |
| 阅——读 | 阅读 | yuèdú | to read, reading comprehension |

| 综合课 | (lesson of) | comprehensive course |
|---|---|---|
| 听力课 | (lesson of) | listening comprehension |
| 阅读课 | (lesson of) | reading comprehension |
| 口语课 | (lesson of) | spoken language |
| 汉字课 | (lesson of) | Chinese characters |
| 语音课 | (lesson of) | pronunciation |
| 体育课 | (lesson of) | physical education |

阅读课               教语法               音乐

有阅读课             教我们语法          听音乐

上午有阅读课         张老师教我们语法。      正在听音乐

我们明天上午有阅读课。              她正在听音乐。

## 三、课文　Texts

1. 会话　Conversation

　　玛丽：山田，你在做什么呢？

　　山田：听音乐呢。有事吗？

　　玛丽：下午我要去商店买东西，你跟我一起去吧。

　　山田：下午我有听力课，下课以后去，行吗？

　　玛丽：行，我们四点在学校门口见面。

　　山田：商店远不远？

　　玛丽：不太远。

　　山田：我们怎么去？

　　玛丽：骑自行车去。

　　山田：好吧，下午见。

　　玛丽：下午见。

104

## 生词 New words

| | | |
|---|---|---|
| 以后 | yǐhòu | after |
| 点 | diǎn | o'clock |
| 门口 | ménkǒu | entrance |
| 见面 | jiàn miàn | to meet |
| 远 | yuǎn | far |

读后判断正误 Decide whether the following statements are true or false according to the above conversation

(1) 玛丽下午有听力课。( )

(2) 山田下午去书店买书。( )

(3) 山田下午在学校门口跟玛丽见面。( )

(4) 他们骑自行车去。( )

## 2. 短文 Passage

### 今天做什么？

今天是星期日,马丁起床后问山本,"你今天做什么?"山本想了想,说:"今天要做的事很多。上午我要写信,写阅读课的作业,预习星期一的语法和生词。下午我去邮局寄信,还要去银行换钱,然后去书店买一本《日汉词典》,晚上去大使馆看朋友。"马丁说:"今天你真忙! 我下午跟你一起去邮局买报纸,然后回宿舍看报纸,听音乐。"

## 生词 New words

| | | |
|---|---|---|
| 起床 | qǐ chuáng | to get up |
| 作业 | zuòyè | homework |
| 寄 | jì | to post |
| 大使馆 | dàshǐguǎn | embassy |
| 然后 | ránhòu | then |
| 报纸 | bàozhǐ | newspaper |

读后回答问题 Answer the following questions according to the above passage

    (1) 今天星期几?

    (2) 山本今天要做什么?

    (3) 马丁和山本今天谁忙?

    (4) 马丁下午也去商店吗?

## 四、练习　Exercises

1. 根据拼音写汉字 Write out the Chinese characters according to the *pinyin*

    lùyīn　　　　xiànzài　　　　tǐyù　　　　yuèdú

    ————————　　————————　　————————　　————————

    tīnglì　　　zōnghé　　　qí zìxíngchē　　　zhèngzài

    ————————　　————————　　————————　　————————

2. 给下列词注音 Give *pinyin* for each of the following words

    录音　　　　现在　　　　阅读　　　　听力

    ————————　　————————　　————————　　————————

    音乐　　　　综合　　　　体育

    ————————　　————————　　————————

    听写　　　　　　上课　　　　　　下课
    (dictation)　　(to attend classes)　　(after class)

    ————————　　————————　　————————

    正好　　　　　　教育　　　　　　合同
    (just right)　　(education)　　(contract)

    ————————　　————————　　————————

3. 描出下列汉字中与左边相同的部分 Trace in the following Chinese characters the same parts as those in the left column

攵：教　数　警　故　改

马：骑　妈　驾　闯　吗

门：们　阅　简　闻　润

4. 描、写汉字 Trace and copy the following Chinese characters

| 正 | ⑤ 一 丁 下 正 正 | 正 | 正 | 正 | | | zhèng<br>just |
|---|---|---|---|---|---|---|---|
| 来 | ⑦ 一 丷 丏 平 来 来 | 来 | 来 | 来 | | | lái<br>to come |
| 录 | ⑧ 刁 刁 ヨ 寻 寻 寻 寻 录 | 录 | 录 | 录 | | | lù<br>to record |
| 骑 | ⑪ 马 骑 | 骑 | 骑 | 骑 | | | qí<br>to ride |
| 乐 | ⑤ 一 厂 乒 乐 乐 | 乐 | 乐 | 乐 | | | yuè<br>music |
| 事 | ⑧ 一 一 口 日 写 写 事 | 事 | 事 | 事 | | | shì<br>affair |
| 现 | ⑧ 王 现 | 现 | 现 | 现 | | | xiàn<br>now |
| 课 | ⑩ 讠 课 | 课 | 课 | 课 | | | kè<br>lesson |
| 综 | ⑪ 纟 纩 缔 综 | 综 | 综 | 综 | | | zōnghé<br>comprehensive |
| 合 | ⑥ 人 스 合 | 合 | 合 | 合 | | | |
| 力 | ② 丁 力 | 力 | 力 | 力 | | | lì<br>ability |
| 阅 | ⑩ 门 阅 | 阅 | 阅 | 阅 | | | yuè<br>to read |
| 育 | ⑧ 丶 亠 亠 育 育 | 育 | 育 | 育 | | | yù<br>education |

## 五、课外练习　Exercises after class

1. 汉字的组成与分解 Combination and division of the Chinese characters

   (1) 组字 Combination

   　　　　孝　　正　　交　　娄　　工　　方

   攵：

   （左右结构）

   　　　　奇　　史　　扁　　乔　　主

   马：

   （左右结构）

   　　　　口　　日　　才　　心　　兑

   门：

   （半包围结构）

   (2) 分解 Division

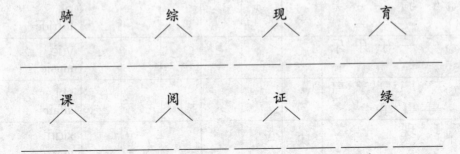

2. 看课表，回答问题 Read the school timetable and answer the following questions

| 星期一 | 星期二 | 星期三 | 星期四 | 星期五 |
| --- | --- | --- | --- | --- |
| 综合课 | 综合课 | 综合课 | 综合课 | 综合课 |
| 综合课 | 综合课 | 综合课 | 综合课 | 综合课 |
| 听力 | 听力 | 听力 | 听力 | 听力 |
| 阅读 | 阅读 | 阅读 | 阅读 | 阅读 |
|  |  |  |  |  |
|  | 综合课 |  | 听力 |  |
|  | 综合课 |  | 阅读 |  |

108

(1) 星期一有几节(jié,period)课?

(2) 星期二有几节综合(zōnghé,comprehensive)课?

(3) 一个星期有多少节课?

3. 预习(查词典给下列词语注音,并了解其意思) Preview: look up each of the following words in the dictionary, note down the *pinyin* and get to know its meaning

| 寄 | 当 | 拿 | 替 | 包裹 |
|---|---|---|---|---|
| _____ | _____ | _____ | _____ | _____ |

| 辅导 | 邮票 | 纪念 | 旅行 | 参观 |
|---|---|---|---|---|
| _____ | _____ | _____ | _____ | _____ |

| 翻译 | 飞机 | 火车 | 代表 | 代表团 |
|---|---|---|---|---|
| _____ | _____ | _____ | _____ | _____ |

## 第二十一课 Lesson Twenty-One
### Dì - èrshíyī kè

### 一、生字　Characters

| | | | | | | | |
|---|---|---|---|---|---|---|---|
| 寄 | jì | to mail, to post | | 表 | biǎo | | |
| 裹 | guǒ | to wrap | | 团 | tuán | group | |
| 辅 | fǔ | to assist | | 参 | cān | to join | |
| 导 | dǎo | to guide | | 观 | guān | to watch | |
| 纪 | jì | to record | | 当 | dāng | to serve as | |
| 念 | niàn | to miss | | 翻 | fān | to translate | |
| 票 | piào | ticket | | 译 | yì | to translate | |
| 旅 | lǚ | to travel | | 拿 | ná | to take | |
| 代 | dài | | | 替 | tì | for | |

### 二、字——词——词组——句子
**Character — word — phrase — sentence**

| | | | |
|---|---|---|---|
| 包——裹 | 包裹 | bāoguǒ | parcel |
| 寄——包裹 | 寄包裹 | jì bāoguǒ | to mail a parcel |
| 寄——信 | 寄信 | jì xìn | to post a letter |
| 邮——票 | 邮票 | yóupiào | stamp |
| 辅——导 | 辅导 | fǔdǎo | to give tutorials to |
| 纪——念 | 纪念 | jìniàn | to commemorate |
| 旅——行 | 旅行 | lǚxíng | to travel |
| 代——表 | 代表 | dàibiǎo | representative |
| 代表——团 | 代表团 | dàibiǎotuán | delegation |
| 参——观 | 参观 | cānguān | to visit |
| 翻——译 | 翻译 | fānyì | to translate |

110

| 拿——信 | 拿信 | ná xìn | to bring/take a letter |
|---|---|---|---|
| 拿——东西 | 拿东西 | ná dōngxi | to bring/take something |
| 替——我 | 替我 | tì wǒ | for me |

| 一件东西 | 翻译 | 参观 |
|---|---|---|
| 拿一件东西 | 当翻译 | 去上海参观 |
| 替我拿一件东西 | 给他们当翻译 | 代表团去上海参观 |
| 请替我拿一件东西。 | 我给他们当翻译。 | 明天代表团去上海参观。 |

## 三、课文　Texts

1. 会话 Conversation

玛丽：山田，你去哪儿？

山田：我去图书馆借书。

玛丽：你替我还一本书，行吗？

山田：没问题。玛丽，你去哪儿？

玛丽：去买票，明天我跟朋友一起去上海。

山田：去旅行？

玛丽：不，去工作，给我的朋友当翻译。

山田：你们怎么去？坐飞机去还是坐火车去？

玛丽：坐飞机去。

山田：好，书我替你还，放心吧。

玛丽：谢谢。

山田：不客气。

**生词　New words**

| 问题 | wèntí | problem |
|---|---|---|
| 没问题 | méi wèntí | no problem |
| 放心 | fàng xīn | don't worry |

读后判断正误 Decide whether the following statements are true or false according to the above conversation

      (1) 山田去图书馆还书。(      )

      (2) 玛丽去上海旅行。(      )

      (3) 玛丽的书是图书馆的。(      )

      (4) 山田替玛丽还书。(      )

      (5) 玛丽给朋友当翻译。(      )

## 2. 短文 Passage

    马丁来中国学习汉语。他认识很多新朋友,有老师、医生、公司职员,还有各国的留学生。他们常常一起听音乐,一起说汉语,一起吃中国饭。上星期马丁的姐姐来中国了。马丁要跟姐姐去上海、杭州旅行,他给姐姐当翻译。他们想坐火车去,这样可以看更多的地方。

## 生词　New words

| | | |
|---|---|---|
| 各 | gè | each |
| 上星期 | shàng xīngqī | last week |
| 这样 | zhèyàng | so |
| 地方 | dìfang | place |
| 可以 | kěyǐ | can, may |

读后选择正确答案 Choose the correct answer according to the above passage

    1. 马丁来中国做什么?

      A. 旅行      B. 学汉语          C. 做翻译

    2. 马丁的姐姐会(huì, to know)汉语吗?

      A. 会      B. 不会          C. 很好

    3. 他们怎么去旅行?

      A. 坐飞机    B. 坐火车      C. 坐汽车

## 四、练习　Exercises

1. 根据拼音写汉字 Write out the Chinese characters according to the *pinyin*

lǚxíng　　　　fānyì　　　　bāoguǒ　　　　fǔdǎo　　　　ná xìn

_____　　_____　　_____　　_____　　_____

jìniàn　　　　cānguān　　　　yóupiào　　　　dàibiǎotuán

_____　　_____　　_____　　_____

2. 给下列词注音 Give *pinyin* for each of the following words

辅导　　　　参观　　　　拿信　　　　纪念　　　　旅行

_____　　_____　　_____　　_____

翻译　　　　代表　　　　包裹　　　　邮票

_____　　_____　　_____

替你　　　　　　　　写信　　　　　　　　旅行团
（for you）　　　　（to write a letter）　　　（touring group）

_____　　　　_____　　　　_____

电影票　　　　　　　　旅馆　　　　　　　　观看
（a movie ticket）　　　（inn）　　　　　　（to watch）

_____　　　　_____　　　　_____

3. 描出下列汉字中与左边相同的部分 Trace in the following Chinese characters the same parts as those in the left column

车：辅　辆　军　库　连

方：房　旅　旁　放　访

寸：村　守　过　导　将

米：料　迷　类　翻　粥

4. 描、写汉字 Trace and copy the following Chinese characters

| 寄 | ⑪ 宀 寄 | 寄 | 寄 | 寄 | | | jì<br>to mail |
|---|---|---|---|---|---|---|---|
| 裹 | ⑭ 宀 亩 亩 亩<br>亩 裹 | 裹 | 裹 | 裹 | | | guǒ<br>parcel |
| 票 | ⑪ 西 西 覀 票 | 票 | 票 | 票 | | | piào<br>ticket |
| 辅 | ⑪ 车 车 轩 轩<br>轩 轩 辅 辅 | 辅 | 辅 | 辅 | | | fǔdǎo<br>to give tutorials to |
| 导 | ⑥ 𠃌 彐 巳 导 | 导 | 导 | 导 | | | |
| 纪 | ⑥ 纟 纪 纪 纪 | 纪 | 纪 | 纪 | | | jìniàn<br>to commemorate |
| 念 | ⑧ 今 念 | 念 | 念 | 念 | | | |
| 旅 | ⑩ 方 方 方<br>方 旅 旅 | 旅 | 旅 | 旅 | | | lǚ<br>to travel |
| 代 | ⑤ 亻 亻 代 代 | 代 | 代 | 代 | | | dàibiǎotuán<br>delegation |
| 表 | ⑧ 一 二 丰 圭<br>耒 耒 表 表 | 表 | 表 | 表 | | | |
| 团 | ⑥ 丨 冂 冃 团<br>团 团 | 团 | 团 | 团 | | | |
| 参 | ⑧ 厶 厶 厶 矣<br>矣 参 参 | 参 | 参 | 参 | | | cānguān<br>to visit |
| 观 | ⑥ 又 观 | 观 | 观 | 观 | | | |
| 当 | ⑥ 丨 当 当<br>当 当 | 当 | 当 | 当 | | | dāng<br>to serve as |

114

| | | | | | | | | |
|---|---|---|---|---|---|---|---|---|
| 翻 | ⑱ 一 采 番 翻 翻 | 翻 | 翻 | 翻 | | | | fānyì to translate |
| 译 | ⑦ 讠 讥 译 译 | 译 | 译 | 译 | | | | |
| 拿 | ⑩ 人 人 合 合 | 拿 | 拿 | 拿 | | | | ná to take |
| 替 | ⑫ 一 二 夫 夫 | 替 | 替 | 替 | | | | tì for |

## 五、课外练习　Exercises after class

1. 用给出的偏旁和汉字组字 Combine the given radicals and Chinese characters to form new characters

宀　示　羽　见　西　手　奇

又　今　甫　心　车　番　合

左右结构：＿＿＿＿＿＿＿＿＿＿＿＿＿

上下结构：＿＿＿＿＿＿＿＿＿＿＿＿＿

2. 分解下列汉字 Divide each of the following Chinese characters into two parts

辅　　观　　票　　旅

团　　翻　　译　　拿

寄　　替　　导　　纪

3. 阅读短文 Reading

　　寒假我想跟朋友一起去中国南方旅行。我们打算去桂林、西双版纳。听说这两个地方非常漂亮。朋友告诉我可以跟旅行社组织的旅行团去,他们可以替我们买票,可以给我们导游,可以给我们翻译,……可是我更想自己去,那样可以看更多的地方,还可以练习汉语口语。

4. 预习(查词典给下列词语注音,并了解其意思) Preview: look up each of the following words in the dictionary, note down the *pinyin* and get to know its meaning

| 种 | 双 | 肥 | 瘦 |
| --- | --- | --- | --- |
| ___ | ___ | ___ | ___ |
| 短 | 试 | 深 | 浅 |
| ___ | ___ | ___ | ___ |
| 角 | 分 | 卖 | 便宜 |
| ___ | ___ | ___ | ___ |
| 可以 | 合适 | 当然 | 皮鞋 |
| ___ | ___ | ___ | ___ |

116

## 第二十二课　Lesson Twenty-two
### Dì - èrshí'èr kè

### 一、生字　Characters

| | | | | | | |
|---|---|---|---|---|---|---|
| 双 | shuāng | (a measure word) pair | | 浅 | qiǎn | (of color) light, shallow |
| 皮 | pí | leather | | 肥 | féi | loose |
| 鞋 | xié | shoe | | 瘦 | shòu | thin |
| 以 | yǐ | | | 适 | shì | suitable |
| 试 | shì | to try | | 便(宜) | pián(yi) | cheap, inexpensive |
| 然 | rán | | | 宜 | yí | suitable |
| 种 | zhǒng | (a measure word) kind | | 卖 | mài | to sell |
| 短 | duǎn | short | | 角 | jiǎo | jiao |
| 深 | shēn | (of color) dark, deep | | 分 | fēn | fen |

### 二、字——词——词组——句子
### Character — word — phrase — sentence

| | | | |
|---|---|---|---|
| 皮——鞋 | 皮鞋 | píxié | leather shoes |
| 可——以 | 可以 | kěyǐ | can, may |
| 当——然 | 当然 | dāngrán | of course |
| 深——色 | 深色 | shēn sè | dark color |
| 浅——色 | 浅色 | qiǎn sè | light color |
| 合——适 | 合适 | héshì | suitable |
| 便——宜 | 便宜 | piányi | cheap, inexpensive |
| 太——短 | 太短 | tài duǎn | too short |
| 太——长 | 太长 | tài cháng | too long |
| 太——深 | 太深 | tài shēn | (of color) too dark |
| 太——浅 | 太浅 | tài qiǎn | (of color) too light |

117

| | | | |
|---|---|---|---|
| 太——肥 | 太肥 | tài féi | too loose |
| 太——瘦 | 太瘦 | tài shòu | too tight |
| 这——种 | 这种 | zhè zhǒng | this kind |
| 试——试 | 试试 | shìshi | to have a try |

|  |  |  |
|---|---|---|
| 试 | 合适 | 小 |
| 试试 | 很合适 | 有点儿小 |
| 试试这件衣服 | 这件衣服很合适 | 这件衣服有点儿小。 |
| 您试试这件衣服。 | 这件衣服不长不短很合适。 | |

## 三、课文　Texts

### 1. 会话　Conversation

(玛丽晚上要去看朋友,她在找一件合适的衣服)

玛丽:山田,你看这件衣服怎么样?

山田:不好,颜色太深了。

玛丽:这件红色的怎么样?

山田:长短还可以,是不是太红了?

玛丽:这件绿色的呢?

山田:有点儿小。

玛丽:这件浅蓝色的行吗?

山田:行,不长不短,颜色好,样子也很漂亮。穿这件吧!

玛丽:行,穿这件。

### 生词　New words

| | | |
|---|---|---|
| 长短 | chángduǎn | length |
| 可以 | kěyǐ | passable, not bad |
| 样子 | yàngzi | shape, model |
| 漂亮 | piàoliang | beautiful |
| 穿 | chuān | to put on, to wear |

读后回答问题 Answer the following questions according to the above conversation

    (1) 谁晚上去看朋友？

    (2) 玛丽晚上穿什么颜色的衣服？

    (3) 红颜色的衣服合适吗？

2. 短文 Passage

你知道吗？

    在上海，很多大商店里都可以买到法国、意大利、美国、日本的服装，好看的衣服真多，红红绿绿的，你真不知道买哪一件好。这些商店的衣服都很贵。在一些小商店里有很多中国生产的衣服，样子也很好看，各种颜色的都有，也很便宜。在这些小商店里买衣服，可以试，还可以问售货员："可以便宜一点儿吗？"你可以花不太多的钱买到很好看的衣服。这，你知道吗？

**生词　New words**

| | | |
|---|---|---|
| 买到 | mǎi dào | to have bought |
| 服装 | fúzhuāng | dress，costume |
| 生产 | shēngchǎn | to produce |
| 售货员 | shòuhuòyuán | shop assistant |
| 花 | huā | to spend |

读后判断正误　Decide whether the following statements are true or false according to the above passage

    (1) 在上海只能买到中国生产的衣服。(　　)

    (2) 大商店里的衣服都很贵。(　　)

    (3) 上海小商店的衣服又便宜又好看。(　　)

    (4) 在上海可以买到法国和日本的衣服。(　　)

## 四、练习 Exercises

1. 根据拼音写汉字 Write out the Chinese characters according to the *pinyin*

| zhǒng | shòu | duǎn | shēn | qiǎn |
|-------|------|------|------|------|
| _____ | _____ | _____ | _____ | _____ |

| jiǎo | féi | mài | shuāng | fēn |
|------|-----|-----|--------|-----|
| _____ | _____ | _____ | _____ | _____ |

| píxié | piányi | dāngrán | héshì | kěyǐ |
|-------|--------|---------|-------|------|
| _____ | _____ | _____ | _____ | _____ |

2. 给下列词注音 Give *pinyin* for each of the following words

| 便宜 | 合适 | 试试 | 太深 | 很浅 |
|------|------|------|------|------|
| _____ | _____ | _____ | _____ | _____ |

| 当然 | 这种 | 皮鞋 | 皮包<br>(briefcase) | 长短<br>(length) |
|------|------|------|------|------|
| _____ | _____ | _____ | _____ | _____ |

| 短文<br>(short essay) | 合作<br>(to cooperate) | 以上<br>(above) | 适宜<br>(appropriate) |
|------|------|------|------|
| _____ | _____ | _____ | _____ |

3. 描出下列汉字中与左边相同的部分 Trace in the following Chinese characters the same parts as those in the left column

舌：适 舍 活 刮 舒

刀：分 切 召 初 照

且：宜 姐 县 助 组

120

## 4. 描、写汉字 Trace and copy the following Chinese characters

| | | | | | | | | |
|---|---|---|---|---|---|---|---|---|
| 双 | ④ 又 双 | 双 | 双 | 双 | | | shuāng pair |
| 皮 | ⑤ 一 厂 广 皮 | 皮 | 皮 | 皮 | | | píxié leather shoes |
| 鞋 | ⑮ 一 十 卄 艹 苷 苷 革 鞝 鞋 | 鞋 | 鞋 | 鞋 | | | |
| 以 | ④ 乚 以 以 | 以 | 以 | 以 | | | yǐ |
| 试 | ⑧ 讠 讠 试 试 试 | 试 | 试 | 试 | | | shì to try |
| 然 | ⑫ 丿 夕 夕 夕 夗 夗 然 然 然 然 | 然 | 然 | 然 | | | rán |
| 种 | ⑨ 禾 种 | 种 | 种 | 种 | | | zhǒng kind |
| 短 | ⑫ 矢 矢 矨 短 短 短 | 短 | 短 | 短 | | | duǎn short |
| 深 | ⑪ 氵 氵 浐 浐 深 | 深 | 深 | 深 | | | shēn dark |
| 浅 | ⑧ 氵 浅 | 浅 | 浅 | 浅 | | | qiǎn light |
| 肥 | ⑧ 月 肥 | 肥 | 肥 | 肥 | | | féi loose |
| 瘦 | ⑭ 广 疒 疒 疒 疒 疒 疒 疒 疒 瘦 | 瘦 | 瘦 | 瘦 | | | shòu tight |
| 适 | ⑨ 一 二 千 舌 适 | 适 | 适 | 适 | | | shì suitable |
| 便 | ⑨ 亻 厂 仁 伊 便 便 | 便 | 便 | 便 | | | piányi inexpensive |
| 宜 | ⑧ 宀 宜 | 宜 | 宜 | 宜 | | | |
| 卖 | ⑧ 士 卖 | 卖 | 卖 | 卖 | | | mài to sell |
| 角 | ⑦ 丿 𠂊 角 | 角 | 角 | 角 | | | jiǎo jiao |
| 分 | ④ 八 分 分 | 分 | 分 | 分 | | | fēn fen |

## 五、课外练习　Exercises after class

1. 用下列偏旁部首和汉字组字 Combine the given radicals and characters to form new characters

亻　讠　更　宀　月　夂　革　八　且
乛　禾　式　刀　土　十　头　巴　用

左右结构：_____

上下结构：_____

2. 把下列汉字分解成两部分 Divide each of the following characters into two parts

卖　　　　种　　　　便　　　　宜

瘦　　　　短　　　　然　　　　试

深　　　　浅　　　　适　　　　肥

3. 阅读 Reading

红房子服装店服装降价

时　间：　　11月5日～11月20日

男西服　　　原价1200元　　　现价800元

女西服　　　原价1500元　　　现价750元

男风衣　　　原价980元　　　现价450元

女风衣　　　原价850元　　　现价400元

欢迎选购

4. 预习(查词典给下列词语注音,并了解其意思) Preview: look up each of the following words in the dictionary, note down the *pinyin* and get to know its meaning

祝　　　　岁　　　　过　　　　就　　　　月

_____ _____ _____ _____ _____

星期　　　快乐　　　准备　　　房间　　　举行

_____ _____ _____ _____ _____

宴会　　　参加　　　打算　　　时间　　　一定

_____ _____ _____ _____ _____

## 第二十三课 **Lesson Twenty-three**
### Dì - èrshísān kè

### 一、生字　Characters

| | | | | | | |
|---|---|---|---|---|---|---|
| 星 | xīng | star | | 准 | zhǔn | |
| 期 | qī | a period of time | | 备 | bèi | to prepare |
| 月 | yuè | month | | 举 | jǔ | |
| 祝 | zhù | to wish | | 宴 | yàn | banquet |
| 快 | kuài | fast | | 加 | jiā | to add |
| 岁 | suì | year(of age) | | 就 | jiù | |
| 算 | suàn | to plan | | 定 | dìng | surely |
| 过 | guò | to spend | | | | |

### 二、字——词——词组　Character — word — phrase

| | | | |
|---|---|---|---|
| 星——期 | 星期 | xīngqī | week |
| 快——乐 | 快乐 | kuàilè | pleasure |
| 准——备 | 准备 | zhǔnbèi | to prepare |
| 举——行 | 举行 | jǔxíng | to come off, to celebrate |
| 宴——会 | 宴会 | yànhuì | banquet |
| 参——加 | 参加 | cānjiā | to join |
| 打——算 | 打算 | dǎsuan | to intend |
| 时——间 | 时间 | shíjiān | time |
| 一——定 | 一定 | yídìng | surely, certainly |

| | | | |
|---|---|---|---|
| 星期——一 | 星期一 | xīngqīyī | Monday |
| 星期——二 | 星期二 | xīngqī'èr | Tuesday |
| 星期——三 | 星期三 | xīngqīsān | Wednesday |

124

| | | | |
|---|---|---|---|
| 星期——四 | 星期四 | xīngqīsì | Thursday |
| 星期——五 | 星期五 | xīngqīwǔ | Friday |
| 星期——六 | 星期六 | xīngqīliù | Saturday |
| 星期——日 | 星期日 | xīngqīrì | Sunday |
| 星期——天 | 星期天 | xīngqītiān | Sunday |
| | | | |
| 过——生日 | 过生日 | guò shēngrì | to celebrate one's birthday |
| 生日——快乐 | 生日快乐 | shēngrì kuàilè | happy birthday |
| 一定——去 | 一定去 | yí dìng qù | will go |
| 一定——来 | 一定来 | yí dìng lái | will come |
| 不——一定 | 不一定 | bùyídìng | not always |
| 一定——不 | 一定不 | yí dìng bù | certainly not, definitely not |

## 三、课文  Texts

1. 会话 Conversation

张华：玛丽，今天是什么日子，你这么高兴？

玛丽：今天是我的生日。

张华：是吗？祝你生日愉快！

玛丽：谢谢。

张华：玛丽，你今年多大了？

玛丽：对不起，这是秘密，不能告诉你。

张华：真对不起，我不知道。在中国，一般可以问年龄。

玛丽：没关系。

张华：你打算怎么过生日呢？

玛丽：安娜他们说开一个生日晚会，你也参加吧。

张华：好。什么时间？

玛丽：今晚7点，在我的宿舍。

张华：我一定去。

125

## 生词　New words

| | | |
|---|---|---|
| 愉快 | yúkuài | cheerful |
| 秘密 | mìmì | secret |
| 告诉 | gàosu | to tell |
| 一般 | yìbān | generally |
| 年龄 | niánlíng | age |
| 开 | kāi | to hold |
| 晚会 | wǎnhuì | party |

读后判断正误 Decide whether the following statements are true or false according to the above conversation

  (1) 今天是玛丽的生日。(　　)

  (2) 张华问玛丽多大年龄。(　　)

  (3) 玛丽想告诉张华她的年龄。(　　)

  (4) 张华说在中国可以问年龄。(　　)

  (5) 张华不一定参加玛丽的生日晚会。(　　)

## 2. 短文 Passage

  今天是玛丽的生日。她第一次在中国过生日。朋友们打算为她开一个生日晚会。玛丽请张华也参加。

  晚会在玛丽的宿舍举行。朋友们送给玛丽一些礼物:安娜给玛丽一本词典,山田给玛丽一块手表,田中给玛丽一束很漂亮的花,张华给玛丽一只小玩具猴,他说玛丽是 1980 年出生的,这一年是猴年。玛丽很喜欢大家送给她的礼物。她请朋友们吃生日蛋糕,朋友们唱"生日歌",祝玛丽生日快乐。

## 生词　New words

| | | |
|---|---|---|
| 为 | wèi | for, to |
| 礼物 | lǐwù | present, gift |
| 送 | sòng | to sent |

126

| 手表 | shǒubiǎo | watch |
|---|---|---|
| 束 | shù | （a measure word）bunch |
| 玩具 | wánjù | toy |
| 猴 | hóu | monkey |
| 蛋糕 | dàngāo | cake |
| 唱 | chàng | to sing |
| 歌 | gē | song |

读后回答问题 Answer the following questions according to the above passage

　　（1）朋友们打算怎么样为玛丽过生日？

　　（2）谁参加玛丽的生日晚会？

　　（3）张华为什么送玛丽一只玩具猴？

## 四、练习　Exercises

1. 根据拼音写汉字 Write out the Chinese characters according to the *pinyin*

　　xīngqī　　　kuàilè　　　fángjiān　　　yànhuì　　　yídìng

_____　_____　_____　_____　_____

　　jǔxíng　　　dǎsuàn　　　zhǔnbèi　　　cānjiā　　　shíjiān

_____　_____　_____　_____　_____

2. 给下列词注音 Give *pinyin* for each of the following words

　　举行　　　　宴会　　　　一定　　　　星期　　　　快乐

_____　_____　_____　_____　_____

　　准备　　　　打算　　　　时间　　　　举行

_____　_____　_____　_____

　　准时　　　　加工　　　　城市　　　　日期　　　　月球
　（on time）　（process）　（city）　　（date）　　（moon）

_____　_____　_____　_____　_____

3. 描出下列汉字中与左边相同的部分 Trace in the following Chinese characters the same parts as those in the left column

礻：祝　礼　神　视　社

冫：准　冷　习　均　次

田：备　男　留　细　翻

4. 描、写汉字 Trace and copy the following Chinese characters

| | | | | | | | |
|---|---|---|---|---|---|---|---|
| 星 | ⑨ 旦 星 | 星 | 星 | 星 | | | xīngqī<br>week |
| 期 | ⑫ 一 十 廿 丗 甘 其 其 期 | 期 | 期 | 期 | | | |
| 月 | ④ 月 | 月 | 月 | 月 | | | yuè<br>moon |
| 祝 | ⑨ 丶 ㇇ 礻 祀 祝 | 祝 | 祝 | 祝 | | | zhù<br>to wish |
| 快 | ⑦ 忄 快 | 快 | 快 | 快 | | | kuài<br>fast |
| 岁 | ⑥ 丶 ⺌ 屮 岁 | 岁 | 岁 | 岁 | | | suì<br>year |
| 准 | ⑩ 丶 冫 汁 准 | 准 | 准 | 准 | | | zhǔnbèi<br>to prepare |
| 备 | ⑧ 夂 备 | 备 | 备 | 备 | | | |
| 举 | ⑨ 丶 丷 ⺍ 兴 兴 丼 丼 举 | 举 | 举 | 举 | | | jǔ |
| 宴 | ⑩ 宀 宜 宴 | 宴 | 宴 | 宴 | | | yàn<br>banquet |
| 加 | ⑤ 丁 力 加 | 加 | 加 | 加 | | | jiā<br>to add |
| 算 | ⑭ ⺮ 笡 笡 算 算 | 算 | 算 | 算 | | · | suàn<br>to plan |
| 过 | ⑥ 寸 过 | 过 | 过 | 过 | | | guò<br>to spend |

128

| | | | | | | | | |
|---|---|---|---|---|---|---|---|---|
| 就 | ⑫京 京 就 就 就 | 就 | 就 | 就 | | | | jiù |
| 定 | ⑧宀 宀 宁 宇 定<br>定 | 定 | 定 | 定 | | | | dìng<br>surely |

## 五、课外练习　Exercises after class

1. 用下列偏旁部首和汉字组字 Combine the given radicals and characters to form characters

月　田　口　兄　其　京　山

夂　日　礻　生　尤　夕　力

左右结构：＿＿＿＿＿＿＿＿＿＿＿＿＿＿＿＿

上下结构：＿＿＿＿＿＿＿＿＿＿＿＿＿＿＿＿

2. 把下列汉字分解成两部分 Divide each of the following Chinese characters into two parts

快　　　定　　　举　　　过

宴　　　准　　　祝　　　算

星　　　岁　　　期　　　就

3. 阅读短文 Reading

1999 年是中国农历己卯年,也就是兔年。

兔是中国民间的十二生肖之一。十二生肖,又叫十二属相,在中国的历法中,指的是纪年的十二种动物,它们是鼠、牛、虎、兔、龙、蛇、马、羊、猴、鸡、狗、猪。古人认为人出生在哪一年,他的属相就是哪一种动物。

1998年是戊寅年,就是虎年。那你猜猜看,2000年是什么年?对了,是龙年。

你是哪一年出生的?你属什么呢?

4. 预习(查词典给下列汉字注音,并了解其意思) Preview: look up each of the following words in the dictionary, note down the *pinyin* and get to know its meaning

节　　　　每天　　　　生活　　　　紧张　　　　愉快

_____　_____　_____　_____　_____

阅览室　　　报纸　　　　电脑　　　　软件　　　　礼物

_____　_____　_____　_____　_____

## 第二十四课　Lesson Twenty-four
### Dì - èrshísì kè

### 一、生字　Characters

| | | | | | | |
|---|---|---|---|---|---|---|
| 活 | huó | to live | | 纸 | zhǐ | paper |
| 紧 | jǐn | tense, tight | | 脑 | nǎo | brain |
| 张 | zhāng | | | 软 | ruǎn | soft |
| 愉 | yú | pleased, happy | | 系 | xì | department |
| 每 | měi | each, every | | 礼 | lǐ | gift, present |
| 览 | lǎn | to look at, to see, to view | | 物 | wù | thing, matter |

### 二、字——词——词组　Character — word — phrase

| | | | |
|---|---|---|---|
| 生——活 | 生活 | shēnghuó | to live |
| 紧——张 | 紧张 | jǐnzhāng | nervous, tense |
| 每——天 | 每天 | měi tiān | every day |
| 每——日 | 每日 | měi rì | every day |
| 每——月 | 每月 | měi yuè | every month |
| 每——星期 | 每星期 | měi xīngqī | every week |
| 每——节——课 | 每节课 | měi jié kè | every class |
| 阅览——室 | 阅览室 | yuèlǎn shì | reading room |
| 报——纸 | 报纸 | bàozhǐ | newspaper |
| 电——脑 | 电脑 | diànnǎo | computer |
| 软——件 | 软件 | ruǎnjiàn | software |
| 汉语——系 | 汉语系 | Hànyǔ xì | Chinese department |
| 中文——系 | 中文系 | Zhōngwén xì | Chinese department |
| 外语——系 | 外语系 | wàiyǔ xì | Foreign language department |
| 礼——物 | 礼物 | lǐwù | gift, present |

## 三、课文 Texts

1. 会话 Conversation

安娜：喂！妈妈，你好！

妈妈：安娜，是你吗？你好吗？

安娜：我很好。妈妈，你身体怎么样？爸爸好吗？

妈妈：都很好，你放心吧。你学习紧张吗？

安娜：不太紧张。

妈妈：课多吗？

安娜：每星期 24 节课。

妈妈：这么多！

安娜：不多。我在这儿只学习 1 年，应该多学一点儿。

妈妈：没课的时候你做什么？

安娜：我常常去图书馆。我们学校的图书馆很大，有很多书。

妈妈：好哇，你喜欢看书，多看一些。

安娜：知道了。妈妈，明天是你的生日，祝你生日愉快！

妈妈：谢谢。

安娜：妈妈，明天你会收到一个礼物。

妈妈：什么礼物？

安娜：现在不能说，明天你就知道了。

妈妈：好吧，我不问了。

安娜：妈妈，再见！

妈妈：再见！

**生词 New words**

| | | |
|---|---|---|
| 喂 | wèi | hello |
| 应该 | yīnggāi | should |
| 会 | huì | may |
| 收到 | shōu dào | to receive |

132

读后判断正误 Decide whether the following statements are true or false according to the above conversation

    (1) 安娜说她学习很紧张。(　　)

    (2) 妈妈觉得安娜的课不多。(　　)

    (3) 安娜有时候不喜欢上课,她去图书馆看书。(　　)

    (4) 安娜喜欢看书。(　　)

    (5) 妈妈知道安娜给她的礼物是什么,她不问了。(　　)

## 2. 短文 Passage

妈妈、爸爸:

    你们好! 我来北京一个多月了,刚有点儿习惯这儿的生活。我们的学校不太大,但是学生很多,我们系的留学生就有1000多个。我们星期一到星期五上课,我们有综合课、听力课、阅读课。我最喜欢阅读课,阅读课老师教我们认汉字、写汉字。汉字很有意思。刚开始学习汉语的时候,我觉得汉字差不多都一样,太难写,太难记了,但是,现在我不这样想了。我每天都练习写汉字,我已经会写300多个汉字了。妈妈、爸爸,你们知道吗,我还会用电脑"写"汉字呢。用电脑"写"的汉字特别好看。我们学校有电脑室,每星期二下午我都去那儿上电脑课。用电脑"写"汉字更有意思。我想,回国的时候我要带一些中文软件,那样我就能用电脑"写"汉字了。

祝你们

身体健康

女儿 玛丽
1999,10,25

## 生词　New words

习惯　　　　　　　xíguàn　　　　　　　habit, be used to

133

| 认 | rèn | to recognize |
| 有意思 | yǒu yìsi | interesting |
| 开始 | kāishǐ | to begin |
| 差不多 | chà bu duō | almost |
| 一样 | yíyàng | same |
| 记 | jì | to remember |
| 已经 | yǐjīng | already |
| 特别 | tèbié | specially |
| 带 | dài | to bring，to take |
| 能 | néng | can |

读后回答问题 Answer the following questions according to the above passage

    (1) 玛丽是什么时候到北京的？

    (2) 玛丽有什么课？

    (3) 玛丽最喜欢什么课？为什么？

    (4) 开始学汉语的时候,玛丽觉得汉字容易吗？现在呢？

    (5) 玛丽在哪儿上电脑课？

## 四、练习　Exercises

1. 根据拼音写汉字　Write out the Chinese characters according to the *pinyin*

    yúkuài        yuèlǎnshì        diànnǎo        shēnghuó

    ——————  ——————  ——————  ——————

        lǐwù        bàozhǐ        měi jié kè        jǐnzhāng

    ——————  ——————  ——————  ——————

2. 给下列词、词组注音 Give *pinyin* for each of the following words and phrases

    报纸        阅览室        软件        生活        礼物

    ——————  ——————  ——————  ——————

| | | | | |
|---|---|---|---|---|
| 紧张 | 愉快 | 电脑 | 汉语系 | 活动<br>（activity） |
| ___ | ___ | ___ | ___ | ___ |
| 节日<br>（festival） | 脑子<br>（brain） | 物理<br>（physics） | 要紧<br>（important） | 每个人<br>（everybody） |
| ___ | ___ | ___ | ___ | ___ |

3. 描、写汉字 Trace and copy the following Chinese characters

| | | | | | | |
|---|---|---|---|---|---|---|
| 活 | ⑨ 氵 活 | 活 | 活 | 活 | | | huó<br>to live |
| 紧 | ⑩ l ll 収 紧 | 紧 | 紧 | 紧 | | | jǐnzhāng<br>intense |
| 张 | ⑦ ⁊ ⁊ 弓 张 | 张 | 张 | 张 | | | |
| 愉 | ⑫ 忄 忄 忄 愉 | 愉 | 愉 | 愉 | | | yú<br>pleased |
| 每 | ⑦ ノ ⁻ 仁 勹 每 每 每 | 每 | 每 | 每 | | | měi<br>every |
| 览 | ⑨ l ll 览 | 览 | 览 | 览 | | | lǎn<br>to look |
| 纸 | ⑦ 纟 纟 红 纤 纸 | 纸 | 纸 | 纸 | | | zhǐ<br>paper |
| 脑 | ⑩ 月 广 肵 胶 脑 脑 | 脑 | 脑 | 脑 | | | nǎo<br>brain |
| 软 | ⑧ 车 车 轩 软 | 软 | 软 | 软 | | | ruǎn<br>soft |
| 礼 | ⑤ 礻 礼 | 礼 | 礼 | 礼 | | | lǐwù<br>gift |
| 物 | ⑧ ノ ⁻ 牛 牛 牜 牣 物 物 | 物 | 物 | 物 | | | |

135

4. 找出下列每组汉字中相同的部分 Find the shared part in each group of the following Chinese characters

_____: 影　参　颜　须　彩

_____: 现　视　览　觉　规

_____: 活　适　舍　刮　话

_____: 星　胜　姓　性　醒

_____: 岁　名　外　梦　死

_____: 备　画　留　男　略

_____: 办　加　动　边　另

_____: 对　导　过　等　封

_____: 综　票　际　禁　标

_____: 查　休　桌　深　床

5. 用下列汉字组词 Make words with the Chinese characters given below

| 资 | 电 | 复 | 翻 | 时 | 录 | 预 | 视 | 休 | 或 | 者 | 息 | 现 | 综 |
| 读 | 辅 | 纪 | 旅 | 行 | 念 | 导 | 力 | 合 | 在 | 音 | 候 | 译 | 习 |
| 翻 | 皮 | 当 | 便 | 星 | 准 | 宴 | 紧 | 张 | 愉 | 脑 | 软 | 礼 | 生 |
| 活 | 物 | 件 | 快 | 会 | 备 | 期 | 宜 | 然 | 鞋 | 译 | 纸 | 料 | 加 |
| 举 | 览 | 行 | 室 | 团 | 表 | 听 | 阅 | 影 | 参 | 报 | 观 | 适 | 代 |

_____　_____　_____　_____　_____

_____　_____　_____　_____　_____

_____　_____　_____　_____　_____

_____　_____　_____　_____　_____

_____　_____　_____　_____　_____

136

## 五、课外练习  Exercises after class

1. 选字填空 Fill in the blank with the appropriate character given in the brackets

   (1) 祝你生日＿乐。(快,块)

   (2) 明天上午我们有综＿＿课。(会,合)

   (3) 下午我去书店＿＿一本词典。(卖,买)

   (4) 你晚上看电＿＿吗? (视,观)

   (5) 明天我们学习第25课,请同学们＿＿习生词。(复,预)

   (6) 你什么＿＿候回国? (对,时)

   (7) 小姐,有＿＿念邮票吗? (纪,寄)

   (8) 没课的时候我常常去阅＿＿室。(览,觉)

   (9) 今天晚上我们举行一个宴会,你想参＿＿吗? (加,家)

   (10) ＿＿息一会儿吧。(休,体)


2. 阅读短文 Reading

元　旦

   在汉语中,"元"的意思是"开始、第一";"旦"的意思是"早晨、一天"。"元旦"就是一年的开始,一年的第一天。在中国古代,农历正月初一叫做"元旦"。1911 年以后,农历正月初一的叫法有了变化,改称"春节",而公历一月一日叫做"新年"。1949 年,中华人民共和国成立,中国政府正式将公历一月一日定为"新年",叫做"元旦"。


3. 预习(查词典给下列词语注音,并了解其意思)Preview:look up each of the following words in the dictionary,note down the *pinyin* and get to know its meaning

   年　　　　半　　　　刻　　　　早

   ＿＿＿＿　＿＿＿＿　＿＿＿＿　＿＿＿＿


   差　　　　在　　　　出发　　　起床

   ＿＿＿＿　＿＿＿＿　＿＿＿＿　＿＿＿＿

| 早上 | 休息 | 聊天 | 睡觉 |
|------|------|------|------|
| | | | |

| 晚上 | 晚饭 | 以前 | 集合 |
|------|------|------|------|
| | | | |

## 第二十五课 Lesson Twenty-five
Dì - èrshíwǔ kè

### 一、生字　Characters

| | | | | | | | |
|---|---|---|---|---|---|---|---|
| 年 | nián | year | | 洗 | xǐ | to wash |
| 早 | zǎo | early | | 澡 | zǎo | bath |
| 半 | bàn | half | | 睡 | shuì | to sleep |
| 刻 | kè | a quarter(of an hour) | | 玩 | wán | to play |
| 差 | chà | short of | | 前 | qián | front, before |
| 出 | chū | out | | 级 | jí | grade |
| 聊 | liáo | to chat | | 集 | jí | to gather |

### 二、字——词——词组——句子
**Character — word — phrase — sentence**

| | | | |
|---|---|---|---|
| 早——上 | 早上 | zǎoshang | morning |
| 早——饭 | 早饭 | zǎofàn | breakfast |
| 一——刻 | 一刻 | yíkè | a quarter(of an hour) |
| 出——发 | 出发 | chūfā | to set out |
| 聊——天——儿 | 聊天儿 | liáo tiānr | to chat |
| 洗——澡 | 洗澡 | xǐ zǎo | to take a bath |
| 睡——觉 | 睡觉 | shuì jiào | to go to bed |
| 年——级 | 年级 | niánjí | grade(in school) |
| 以——前 | 以前 | yǐqián | before, in the past |
| 集——合 | 集合 | jíhé | to gather |

139

|  睡觉  |  起床  |  安娜  |
|---|---|---|
|  什么时候睡觉  |  六点一刻起床  |  安娜那儿  |
|  晚上什么时候睡觉  |  早上六点一刻起床  |  去安娜那儿  |
|  你晚上什么时候睡觉？  |  每天早上六点一刻起床  |  去安娜那儿聊天  |
|    |  我每天早上六点一刻起床。  |  她常常去安娜那儿聊天。  |

## 三、课文　Texts

1. 会话 Conversation

　　山田：玛丽，你休息的时候常常做什么？

　　玛丽：星期六早上差一刻八点起床，八点半吃早饭。早饭后我
　　　　　骑自行车出去，有时候去看朋友，有时候去公园。

　　山田：你什么时候回学校？

　　玛丽：下午回学校。晚上我常常跟朋友一起在饭馆吃晚饭。

　　山田：星期日你做什么呢？

　　玛丽：星期日我常常在宿舍里看书、听音乐，预习下星期的生
　　　　　词、语法。

　　山田：你常常给爸爸妈妈写信吗？

　　玛丽：不，我每星期天给他们打电话。

**生词　New word**

饭馆　　　　　　　　fànguǎn　　　　　　　　restaurant

读后判断正误 Decide whether the following statements are true or false according to the
above conversation

　　(1) 玛丽每天给父母打电话。(　　　)

　　(2) 玛丽星期六 8 点起床。(　　　)

　　(3) 玛丽每星期都去看朋友。(　　　)

　　(4) 玛丽常常给爸爸妈妈写信。(　　　)

　　(5) 玛丽常常跟朋友在饭馆吃晚饭。(　　　)

140

2. 短文 Passage

很多中国人常常早睡早起。他们六点半起床，七点吃早饭，八点上班。上午工作四个小时，十二点一刻吃午饭。午饭后休息一会儿，下午工作四个小时。下班后很多人去商店、市场买菜，以后回家做饭，晚饭在七点左右。晚饭后人们常常看电视、看书、看报、聊天儿，很多人十点半左右睡觉。

生词　New words

| 下（班） | xià（bān） | to finish work |
| 班 | bān | duty |
| 小时 | xiǎoshí | hour |
| 市场 | shìchǎng | market |
| 菜 | cài | vegetable |
| 做饭 | zuò fàn | to cook |
| 左右 | zuǒyòu | about |

读后回答问题 Answer the following questions according to the above passage

　　（1）人们常常几点起床？

　　（2）他们每天工作几个小时？

　　（3）下班后人们做什么？

　　（4）晚饭后人们常常做什么？

## 四、练习　Exercises

1. 根据拼音写汉字 Write out the Chinese characters according to the *pinyin*

| xǐzǎo | zǎoshang | jíhé | shíhòu |

_____　_____　_____　_____

| niánjí | shuì jiào | liáotiān | chūfā |

_____　_____　_____　_____

2. 给下列词注音 Give *pinyin* for each of the following words

集合　　　　　睡觉　　　　　出发　　　　　洗澡　　　　　聊天

_____  _____  _____  _____  _____

早饭　　　　　　出发　　　　　　年级　　　　　　　出生
　　　　　　　　　　　　　　　　　　　　　　　（to be born）

_____  _____  _____  _____

好玩　　　　　　出去　　　　　　集体　　　　　　　洗衣机
（funny）　　　（to go out）　　（collectivity）　　（washing machine）

_____  _____  _____  _____

3. 描出下列汉字中与左边相同的部分 Trace in the following Chinese characters the same parts as those in the left column

耳：　聊　　　闻　　　聋　　　联　　　聚

王：　玩　　　住　　　全　　　望　　　弄

佳：　谁　　　集　　　雁　　　准　　　售

工：　红　　　左　　　贡　　　差　　　功

刂：　刻　　　到　　　梨　　　前　　　例

4. 描、写汉字 Trace and copy the following Chinese characters

| 年 | ⑥ ノ 亠 午 缶 年<br>年 | | 年 | 年 | 年 | | | nián<br>year |
|----|------|----|---|---|---|----|----|------|

142

| | | | | | | | |
|---|---|---|---|---|---|---|---|
| 早 | ⑥日早 | 早 | 早 | 早 | | | zǎo<br>early |
| 半 | ⑤`丷兰半 | 半 | 半 | 半 | | | bàn<br>half |
| 刻 | ⑧`亠亥亥<br>亥刻 | 刻 | 刻 | 刻 | | | kè<br>a quarter |
| 差 | ⑨`丷兰兰<br>羊差 | 差 | 差 | 差 | | | chà<br>short of |
| 出 | ⑤乚凵中出出 | 出 | 出 | 出 | | | chū<br>to go out |
| 聊 | ⑪耳耵耶聊聊<br>聊 | 聊 | 聊 | 聊 | | | liáo<br>to chat |
| 洗 | ⑨氵洗 | 洗 | 洗 | 洗 | | | xǐzǎo<br>to take a bath |
| 澡 | ⑯氵沪沪澡澡 | 澡 | 澡 | 澡 | | | |
| 睡 | ⑬丨冂冂目<br>丆丆胚胚睡睡 | 睡 | 睡 | 睡 | | | shuì<br>to sleep |
| 玩 | ⑧王玩 | 玩 | 玩 | 玩 | | | wán<br>to play |
| 级 | ⑥纟纠级级 | 级 | 级 | 级 | | | jí<br>grade |
| 前 | ⑨`丷兰首前 | 前 | 前 | 前 | | | qián<br>before |
| 集 | ⑫亻隹集 | 集 | 集 | 集 | | | jí<br>to gather |

## 五、课外练习　Exercises after class

1. 用给出的偏旁部首和汉字组字 Combine the given radicals and characters to form new characters

目　木　亥　纟　元　垂　耳

王　日　及　隹　卯　刂　十

左右结构：＿＿＿＿＿＿＿＿＿＿＿＿＿＿＿＿

上下结构：＿＿＿＿＿＿＿＿＿＿＿＿＿＿＿＿

2. 分解下列汉字 Divide each of the following Chinese characters into two parts

刻 　　 早 　　 澡 　　 聊

_____　_____　_____　_____

带 　　 集 　　 玩 　　 睡

_____　_____　_____　_____

觉 　　 差 　　 洗 　　 级

_____　_____　_____　_____

3. 阅读短文 Reading

　　有一个汽车司机晚上开车,他觉得太累了。早上,他想睡一会儿觉。这时候,有一个跑步的人问他"几点了?"他看看手表,说:"现在六点三十五分。"十分钟后,又有一个人来问他时间,他说:"现在差一刻七点。"他怕还有人问他,就在纸上写上"我没有表!"几个字,放在汽车窗上。他想:现在我可以好好休息了。可是,五分钟以后,有一个人敲他的车窗,还大声地说:"现在差十分七点。"

4. 预习(查词典给下列词语注音,并了解其意思) Preview:look up each of the following words in the dictionary,note down the *pinyin* and get to know its meaning

让 　　 谈 　　 唱 　　 派 　　 业余

_____　_____　_____　_____　_____

京剧 　　 特别 　　 高兴 　　 输入 　　 自己

_____　_____　_____　_____　_____

爱好 　　 电脑 　　 书法 　　 以前 　　 以后

_____　_____　_____　_____　_____

感兴趣

_____

# 第二十六课　Lesson Twenty-six
## Dì - èrshíliù kè

## 一、生字　Characters

| | | | | | | |
|---|---|---|---|---|---|---|
| 让 | ràng | to let, to ask | | 感 | gǎn | to feel, to affect |
| 谈 | tán | to talk | | 兴 | xìng | pleasure |
| 己 | jǐ | oneself | | 趣 | qù | interest |
| 爱 | ài | to love, to like | | 想 | xiǎng | to think, to want |
| 唱 | chàng | to sing | | 输 | shū | to transport |
| 剧 | jù | opera, drama | | 入 | rù | to enter |
| 余 | yú | to spare | | 后 | hòu | after, back |
| 特 | tè | specially | | 派 | pài | to send, to appoint |
| 非 | fēi | not, no | | 高 | gāo | high |

## 二、字——词——词组——句子
### Character — word — phrase — sentence

| | | | |
|---|---|---|---|
| 自——己 | 自己 | zìjǐ | oneself |
| 爱——好 | 爱好 | àihào | hobby, to love |
| 京——剧 | 京剧 | jīngjù | Beijing Opera |
| 话——剧 | 话剧 | huàjù | modern drama |
| 以——后 | 以后 | yǐhòu | after, later |
| 业——余 | 业余 | yèyú | sparetime |
| 非——常 | 非常 | fēicháng | very |
| 特——别 | 特别 | tèbié | specially |
| 兴——趣 | 兴趣 | xìngqù | interest |
| 感——兴趣 | 感兴趣 | gǎn xìngqù | to be interested in |
| 高——兴 | 高兴 | gāoxìng | glad, happy |
| 输——入 | 输入 | shūrù | to input |

谈——话　　　　　谈话　　　　　tán huà　　　　　to talk

书——法　　　　　书法　　　　　shūfǎ　　　　　calligraphy

京剧　　　　　　　　　　爱好　　　　　　　　　　兴趣

看京剧　　　　　　　　自己的爱好　　　　　　　感兴趣

喜欢看京剧　　　　　谈谈自己的爱好　　　　　对书法感兴趣

我很喜欢看京剧。　　你谈谈自己的爱好　　　我对书法很感兴趣。

请你谈谈自己的爱好。

## 三、课文　Texts

1. 会话 Conversation

记者：你们好！我是记者，想请你们谈谈。

众：好。

记者：请问，你们是做什么工作的？

山田：我来中国前也是一名记者。

玛丽：我以前是英语老师。

安娜：我是大学生。

山田：现在我们都是学生。

记者：你们有什么爱好？

玛丽：我喜欢写汉字。汉字很难写，可是很有意思。

安娜：我喜欢看电视里的京剧，京剧的衣服很好看，音乐也好听。

山田：我的爱好是体育，我喜欢中国功夫。

记者：是吗？那请你表演表演，好吗？

山田：现在还不行，以后吧。

生词　New words

名　　　　　míng　　　　　（a measure word for man）

146

| 记者 | jìzhě | reporter, journalist |
|---|---|---|
| 好看 | hǎokàn | nice, fine |
| 好听 | hǎotīng | pleasant to hear |
| 功夫 | gōngfu | skill, art |
| 表演 | biǎoyǎn | to perform, to play |

读后判断正误 Decide whether the following statements are true or false according to the above conversation

　　(1) 山田以前是记者。(　　　)

　　(2) 玛丽以前教英语。(　　　)

　　(3) 玛丽喜欢写汉字。她觉得汉字很有意思。(　　　)

　　(4) 安娜喜欢看京剧,她觉得京剧的衣服很好看。(　　　)

2. 短文 Passage

　　山田、安娜和玛丽是我的同班同学。我们常常一起聊天儿。山田说他喜欢中国功夫,他每天都练习。玛丽说她的爱好是中国书法,她觉得书法太有意思了。安娜喜欢看京剧,她说京剧里的衣服真漂亮。我的爱好是旅行,中国有很多名胜古迹,北京的故宫、长城、颐和园,杭州的西湖,西安的兵马俑,桂林的山水,……啊,太多了! 这些地方我都想去,我一定要去。

## 生词　New words

| 同班 | tóngbān | the same class |
|---|---|---|
| 名胜古迹 | míngshèng gǔjì | scenic spots and historical sites |
| 兵马俑 | bīngmǎyǒng | clay figures of warriors and horses buried with the dead |
| 山水 | shānshuǐ | scenery with hills and waters |
| 故宫 | Gùgōng | the Forbidden City |
| 颐和园 | Yíhéyuán | the Summer Palace |
| 西湖 | Xīhú | the West Lake (in Hangzhou) |

| 西安 | Xī'ān | name of a city (Xi'an) |
| 桂林 | Guìlín | name of a city (Guilin) |

读后回答问题 Answer the following questions according to the above passage

    (1) 山田、安娜、玛丽在一个班学习吗？

    (2) 山田有什么爱好？

    (3) 玛丽喜欢什么？

    (4) 安娜觉得京剧里的衣服怎么样？

    (5) "我"喜欢什么？"我"想去哪些地方？

## 四、练习　Exercises

1. 根据拼音写汉字 Write out the Chinese characters according to the *pinyin*

    yèyú        shūrù        jīngjù        tán huà        àihào

_____　_____　_____　_____　_____

    fēicháng      tèbié      gāoxìng      gǎn xìngqù      shūfǎ

_____　_____　_____　_____　_____

2. 给下列词、词组注音 Give *pinyin* for each of the following words and phrases

| 京剧 | 非常 | 输入 | 爱好 | 谈话 |
| --- | --- | --- | --- | --- |
| _____ | _____ | _____ | _____ | _____ |

| 书法 | 业余 | 特别 | 以后 | 高兴 |
| --- | --- | --- | --- | --- |
| _____ | _____ | _____ | _____ | _____ |

| 感兴趣 | 话剧<br>(drama) | 感谢<br>(to thank) | 入口<br>(entrance) | 特点<br>(characteristic) |
| --- | --- | --- | --- | --- |
| _____ | _____ | _____ | _____ | _____ |

148

爱人　　　　高中
（spouse）　（junior high school）

————————　　————————

3. 描出下列汉字中与左边相同的部分 Trace in the following Chinese characters the same components as those in the left column

人：余　合　茶　欢

走：趣　起　赶　越

4. 描、写汉字 Trace and copy the following Chinese characters

| 让 | ⑤ 讠 让 | 让 | 让 | 让 | | | ràng<br>to let, to ask |
|---|---|---|---|---|---|---|---|
| 谈 | ⑩ 讠 讠 讠 讠 谈 | 谈 | 谈 | 谈 | | | tán<br>to talk |
| 己 | ③ 乛 コ 己 | 己 | 己 | 己 | | | jǐ<br>oneself |
| 爱 | ⑩ 爫 爫 爫 爫 爫 爱 | 爱 | 爱 | 爱 | | | ài<br>to love |
| 唱 | ⑪ 口 唱 唱 | 唱 | 唱 | 唱 | | | chàng<br>to sing |
| 剧 | ⑩ 尸 尸 居 剧 | 剧 | 剧 | 剧 | | | jù<br>opera |
| 余 | ⑦ 人 人 合 仐 余 | 余 | 余 | 余 | | | yú<br>to spare |
| 非 | ⑧ 丿 刂 刂 킈 非 非 非 非 | 非 | 非 | 非 | | | fēi<br>very |
| 特 | ⑩ 牜 牜 特 | 特 | 特 | 特 | | | tè<br>specially |
| 想 | ⑬ 相 想 | 想 | 想 | 想 | | | xiǎng<br>to think |
| 感 | ⑬ 一 厂 厂 后 咸 咸 咸 感 | 感 | 感 | 感 | | | |
| 兴 | ⑥ 丶 丷 丷 兴 兴 | 兴 | 兴 | 兴 | | | gǎn xìngqù<br>to be interest-<br>ed |
| 趣 | ⑮ 走 赴 趣 | 趣 | 趣 | 趣 | | | |

| 输 | ⑬ 车 输 | 输 | 输 | 输 | | | | shūrù<br>to input |
|---|---|---|---|---|---|---|---|---|
| 入 | ② 丿 入 | 入 | 入 | 入 | | | | |
| 后 | ⑥ 一 厂 斤 后 | 后 | 后 | 后 | | | | hòu<br>after |
| 派 | ⑨ 氵 汇 沂 派 派 | 派 | 派 | 派 | | | | pài<br>to send |
| 高 | ⑩ 亠 亠 产 高 高 | 高 | 高 | 高 | | | | gāo<br>high |

## 五、课外练习　Exercises after class

1. 用给出的偏旁部首和汉字组字 Combine the given radicals and characters to form new characters

　讠　刂　上　车　炎　寺　口　居　俞　昌　牛

　左右结构：_____

2. 把下面的字加一笔或者减一笔,使之变成别的字,然后组词(或词组) Change the following characters into new ones by adding or taking away a stroke, and then make words or phrases

亚——　(　　　)　　　　小——　(　　　)

问——　(　　　)　　　　了——　(　　　)

大——　(　　　)　　　　买——　(　　　)

休——　(　　　)　　　　日——　(　　　)

白——　(　　　)　　　　个——　(　　　)

150

3. 选字填空 Fill in the blanks with the appropriate characters given

   回　　间　　问

   (1) 请＿＿＿，现在几点？

   (2) 我很忙，没有时＿＿＿看电影。

   (3) 你什么时候＿＿＿国？

4. 预习(查词典给下列词语注音,并了解其意思)Preview：look up each of the following words in the dictionary，note down the *pinyin* and get to know its meaning

| 往 | 从 | 离 | 远 |
|---|---|---|---|
| ＿＿＿＿＿＿ | ＿＿＿＿＿＿ | ＿＿＿＿＿＿ | ＿＿＿＿＿＿ |
| 场 | 拐 | 座 | 学校 |
| ＿＿＿＿＿＿ | ＿＿＿＿＿＿ | ＿＿＿＿＿＿ | ＿＿＿＿＿＿ |
| 里边 | 左边 | 右边 | 足球 |
| ＿＿＿＿＿＿ | ＿＿＿＿＿＿ | ＿＿＿＿＿＿ | ＿＿＿＿＿＿ |
| 一直 | 左右 | 公里 | 红绿灯 |
| ＿＿＿＿＿＿ | ＿＿＿＿＿＿ | ＿＿＿＿＿＿ | ＿＿＿＿＿＿ |

## 第二十七课　Lesson Twenty-seven
### Dì - èrshíqī kè

### 一、生字　Characters

| | | | | | | |
|---|---|---|---|---|---|---|
| 地 | dì | land , ground | 离 | lí | | away |
| 足 | zú | foot | 直 | zhí | | directly , straight |
| 球 | qiú | ball | 往 | wǎng | | toward , to |
| 场 | chǎng | field | 灯 | dēng | | lamp , light |
| 从 | cóng | from | 左 | zuǒ | | left |
| 到 | dào | to | 右 | yòu | | right |
| 博 | bó | rich , plentiful | 拐 | guǎi | | to turn |
| 远 | yuǎn | far , distant | 座 | zuò | | seat , ( a measure word ) |

### 二、字——词——词组——句子
### Character — word — phrase — sentence

| | | | |
|---|---|---|---|
| 东——边 | 东边 | dōngbiān | east |
| 西——边 | 西边 | xībiān | west |
| 南——边 | 南边 | nánbiān | south |
| 北——边 | 北边 | běibiān | north |
| 左——边 | 左边 | zuǒbiān | left |
| 右——边 | 右边 | yòubiān | right |
| 前——边 | 前边 | qiánbiān | front |
| 后——边 | 后边 | hòubiān | behind , back |
| 左——右 | 左右 | zuǒyòu | about |
| 足——球 | 足球 | zúqiú | football |
| 球——场 | 球场 | qiúchǎng | ( football , volleyball , tennis , etc. ) field , court |
| 足球——场 | 足球场 | zúqiú chǎng | football field |

| 地——方 | 地方 | dìfang | place |
|---|---|---|---|
| 博——物——馆 | 博物馆 | bówùguǎn | museum |
| 一——直 | 一直 | yìzhí | straight |
| 红——绿——灯 | 红绿灯 | hónglǜdēng | traffic lights |
| 往——前——走 | 往前走 | wǎng qiánzǒu | to go ahead |
| 从——这儿 | 从这儿 | cóng zhèr | from here |
| 从——那儿 | 从那儿 | cóng nàr | from there |

| 一个邮局 | 后边 | 足球场 |
|---|---|---|
| 有一个邮局 | 宿舍楼后边 | 是足球场 |
| 里边有一个邮局 | 在宿舍楼后边 | 西边是足球场 |
| 我们学校里边有一个邮局。 | 邮局在宿舍楼后边。 | 图书馆西边是足球场。 |

## 三、课文　Texts

1. 会话 Conversation

田中：山田，我想去书店看看，你们学校里有书店吗？

山田：有。

田中：书店离这儿远吗？

山田：不远，就在宿舍楼的东边。

田中：我们现在去好吗？

山田：好。

山田：田中，你想打网球吗？

田中：想啊。你们这儿有网球场吗？

山田：有，我们学校还有一个足球场。

田中：网球场在哪儿？

山田：书店西边就是。

田中：那我们先去书店，然后去打网球，行吗？

山田：行。

读后判断正误 Decide whether the following statements are true or false according to the above conversation

(1) 田中要去书店。（　　）

(2) 书店在宿舍楼的西边。（　　）

(3) 山田的学校里有网球场和足球场。（　　）

(4) 网球场在书店西边。（　　）

(5) 田中和山田一起去书店，一起去打网球。（　　）

## 2. 短文 Passage

我们学校很大。学校里有教学楼、宿舍楼、图书馆、运动场、商店、书店，还有邮局、银行、医院。教学楼离宿舍楼不远，在宿舍楼东边。教学楼北边是图书馆。运动场在图书馆西边。商店和书店在宿舍楼西边，商店旁边是邮局和银行，医院在银行西边，离银行有 500 米左右。

## 生词　New words

| | | |
|---|---|---|
| 运动场 | yùndòngchǎng | sports ground |
| 米 | mǐ | meter |

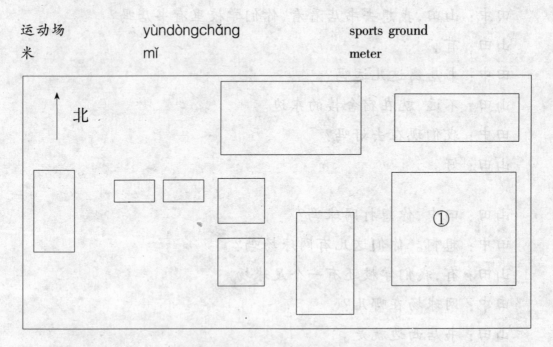

①教学楼　②宿舍楼　③图书馆　④运动场　⑤商店　⑥书店　⑦邮局　⑧银行　⑨医院

根据短文填图

## 四、练习　Exercises

1. 根据拼音写汉字 Write out the Chinese characters according to the *pinyin*

bówùguǎn　　　　zúqiú　　　　hónglǜdēng　　　　qiánbiān

_____　　_____　　_____　　_____

zuǒbiān　　　　yòubiān　　　　yìzhí　　　　zúqiúchǎng

_____　　_____　　_____　　_____

2. 给下列词注音 Give *pinyin* for each of the following words

| 地方 | 前边 | 足球场 | 左边 |
|---|---|---|---|
| _____ | _____ | _____ | _____ |
| 右边 | 公里 | 一直 | 红绿灯 |
| _____ | _____ | _____ | _____ |
| 左右<br>（about） | 自从<br>（since） | 东北<br>（northeast） | 西北<br>（northwest） |
| _____ | _____ | _____ | _____ |
| 东南<br>（southeast） | 西南<br>（southwest） | | |
| _____ | _____ | | |

3. 描出下列汉字中与左边相同的部分 Trace in the following Chinese characters the same components as those in the left column

力：边 加 另 办 动

土：场 去 坐 在 至

丁：灯 顶 厅 停 订

甫：辅 博 葡 薄 铺

4. 描、写汉字 Trace and copy the following Chinese characters

| 地 | ⑥ 土 地 | 地 | 地 | 地 | | | dì land |
|---|---|---|---|---|---|---|---|
| 足 | ⑦ 口 甲 甲 尸 足 | 足 | 足 | 足 | | | zúqiú football |
| 球 | ⑪ 王 珐 玎 玎 玎 球 球 球 | 球 | 球 | 球 | | | |
| 场 | ⑥ 土 圹 场 场 | 场 | 场 | 场 | | | chǎng court |
| 从 | ④ 人 从 | 从 | 从 | 从 | | | cóng from |
| 到 | ⑧ 一 云 云 云 至 至 到 | 到 | 到 | 到 | | | dào to |
| 博 | ⑫ 一 十 博 | 博 | 博 | 博 | | | bó rich |
| 远 | ⑦ 元 远 | 远 | 远 | 远 | | | yuǎn distant |
| 离 | ⑩ 亠 文 文 卤 卤 离 离 离 | 离 | 离 | 离 | | | lí away from |
| 直 | ⑧ 一 十 广 古 有 有 直 直 | 直 | 直 | 直 | | | zhí straight |
| 往 | ⑧ 彳 往 | 往 | 往 | 往 | | | wǎng toward |

| | | | | | | | | |
|---|---|---|---|---|---|---|---|---|
| 灯 | ⑥ `丶 丷 丷 火 灯` | 灯 | 灯 | 灯 | | | dēng<br>lamp |
| 左 | ⑤ `一 ナ 左` | 左 | 左 | 左 | | | zuǒ<br>left |
| 右 | ⑤ `ナ 右` | 右 | 右 | 右 | | | yòu<br>right |
| 拐 | ⑧ `扌 拐 拐` | 拐 | 拐 | 拐 | | | guǎi<br>to turn |
| 座 | ⑩ `广 座` | 座 | 座 | 座 | | | zuò<br>seat |

## 五、课外练习　Exercises after class

1. 将下面的字去掉偏旁变成新字,再组词(或词组) Change the following characters into new ones by taking away the radicals, and then make words or phrases

红——　（　　　　） 　　　课——　（　　　　）

体——　（　　　　） 　　　给——　（　　　　）

从——　（　　　　） 　　　还——　（　　　　）

座——　（　　　　） 　　　读——　（　　　　）

让——　（　　　　） 　　　理——　（　　　　）

便——　（　　　　） 　　　洗——　（　　　　）

2. 选字填空 Fill in the blanks with the appropriate characters given

　　　这　　　远　　　边　　　还

(1) ＿＿＿是留学生宿舍吗?

(2) 商店离学校＿＿＿吗?

(3) 邮局在电影院西＿＿＿。

(4) 我＿＿＿要两个苹果。

3. 阅读短文 Reading

　　我是北京语言文化大学的留学生。我们的学校在北京的西北郊。学校附近有不少大学:西边有清华大学、北京大学,南边有北京科技大学、北京航空航天大学、北京医科大学,北边有北京林业大学、北京农业大学。我常常去清华、北大,也常去北医,那里我有很多朋友。

4. 预习(查词典给下列词语注音,并了解其意思)Preview:look up each of the following words in the dictionary,note down the *pinyin* and get to know its meaning

遍　　　　能　　　　次　　　　太极拳　　　　开始

_____　　_____　　_____　　_____　　_____

舒服　　　　报名　　　　可以　　　　请假　　　　头疼

_____　　_____　　_____　　_____　　_____

有意思　　　　发烧　　　　小时

_____　　_____　　_____

# 第二十八课 Lesson Twenty-eight
## Dì - èrshíbā kè

### 一、生字　Characters

| | | | | | | |
|---|---|---|---|---|---|---|
| 太 | tài | too, extremely | 始 | shǐ | to start |
| 极 | jí | | 思 | sī | to think, to think of |
| 拳 | quán | boxing | 次 | cì | (a measure word) time |
| 能 | néng | can | 假 | jià | holiday |
| 遍 | biàn | (a measure word) time | 疼 | téng | ache, pain |
| 舒 | shū | comfort | 烧 | shāo | to run a fever |
| 可 | kě | can, may | | | |

### 二、字——词——词组——句子
### Character — word — phrase — sentence

| | | | |
|---|---|---|---|
| 太——极——拳 | 太极拳 | tàijíquán | Taijiquan |
| 舒——服 | 舒服 | shūfu | comfort |
| 可——以 | 可以 | kěyǐ | can, may |
| 开——始 | 开始 | kāishǐ | to start |
| 意——思 | 意思 | yìsi | meaning |
| 有——意——思 | 有意思 | yǒu yìsi | interesting |
| 请——假 | 请假 | qǐngjià | to ask for leave |
| 头——疼 | 头疼 | tóu téng | headache |
| 发——烧 | 发烧 | fā shāo | to have a fever |
| 一——遍 | 一遍 | yí biàn | once |
| 一——次 | 一次 | yí cì | once |
| 网——球 | 网球 | wǎngqiú | tennis |

159

太极拳           太极拳           上课

学太极拳        打太极拳      没来上课

想学太极拳     会打太极拳    怎么没来上课

我想学太极拳。   会不会打太极拳  玛丽怎么没来上课？

你会不会打太极拳？

## 三、课文　Texts

1. 会话 Conversation

玛丽：山田，你每天早上做什么？

山田：跑步，打太极拳。

玛丽：谁教太极拳？

山田：马老师。怎么，你想学吗？

玛丽：想学。在哪儿报名？

山田：在马老师那儿。他每天早上六点半在小操场教我们，你明天去吧。

玛丽：好吧。山田，学太极拳的人多吗？

山田：不少。有老师，也有留学生。

玛丽：难学吗？

山田：不难。

玛丽：好，明天早上小操场见。

山田：再见。

**生词　New words**

| 怎么 | zěn me | why |
| 跑步 | pǎobù | to run |
| 操场 | cāochǎng | sports ground |

160

读后判断正误 Decide whether the following statements are true or false according to the above conversation

　　(1) 山田每天晚上跑步,打太极拳。(　　　)

　　(2) 马老师教山田打太极拳。(　　　)

　　(3) 玛丽也想学太极拳。(　　　)

　　(4) 早上学太极拳的人很少。(　　　)

## 2. 短文 Passage

　　玛丽很喜欢中国的书法,她觉得练书法太有意思了。每星期一和星期五下午有书法课。上课的时候,她认真听、认真练。下课以后,她在宿舍继续练习。她还常常看书法展览。她说"练书法可以帮助我学习汉语,帮助我学习汉字,还能帮助我了解中国文化。"

## 生词　New words

| 太……了 | tài…le | extremely |
| 认真 | rènzhēn | conscientious, serious |
| 继续 | jìxù | to continue |
| 展览 | zhǎnlǎn | to exhibit |
| 帮助 | bāngzhù | to help |
| 了解 | liǎojiě | to understand |

读后回答问题 Answer the following questions according to the above passage

　　(1) 玛丽喜欢什么?

　　(2) 她什么时候有书法课?

　　(3) 下课后玛丽练习书法吗?

　　(4) 她说练书法有什么好处(hǎochù, advantage)?

## 四、练习  Exercises

1. 根据拼音写汉字 Write out the Chinese characters according to the *pinyin*

tàijíquán      kāishǐ      yíbiàn      tǐyù      shūfu

_____      _____      _____      _____      _____

kěyǐ      yìsi      qǐng jià      tóu téng      fā shāo

_____      _____      _____      _____      _____

2. 给下列词、词组注音 Give *pinyin* for each of the following words and phrases

开始      太极拳      发烧      舒服      请假

_____      _____      _____      _____      _____

意思      一遍      头疼      可以      思想
（thought）

_____      _____      _____      _____      _____

可能      假日      好极了      能力      可是
（maybe）  （holiday）  （excellent）  （capability）  （but）

_____      _____      _____      _____      _____

3. 把下面的字按独体字、合体字分类 Sort out the following Chinese characters according to their structures

打 太 极 拳 想 服 开 始 遍 假 舒 烧 次 能

独体字：_____

合体字：_____

162

## 4. 描、写汉字 Trace and copy the following Chinese characters

| | | | | | | | |
|---|---|---|---|---|---|---|---|
| 太 | ④ 大 太 | 太 | 太 | 太 | | | |
| 极 | ⑦ 木 极 | 极 | 极 | 极 | | | tàijíquán<br>Taijiquan |
| 拳 | ⑩ 丶 丷 龷 类 拳 | 拳 | 拳 | 拳 | | | |
| 能 | ⑩ 厶 牟 育 能 能 | 能 | 能 | 能 | | | néng<br>can |
| 遍 | ⑫ 丶 户 户 肩 扁 遍 遍 | 遍 | 遍 | 遍 | | | biàn<br>time |
| 舒 | ⑫ 人 今 今 舍 舍 舍 舒 舒 | 舒 | 舒 | 舒 | | | shū<br>comfort |
| 可 | ⑤ 一 口 可 | 可 | 可 | 可 | | | kě<br>can |
| 始 | ⑧ 女 妒 始 | 始 | 始 | 始 | | | shǐ<br>to start |
| 思 | ⑨ 田 思 | 思 | 思 | 思 | | | sī<br>to think |
| 次 | ⑥ 冫 次 | 次 | 次 | 次 | | | cì<br>time |
| 假 | ⑪ 亻 亻 伊 伊 伊 伊 假 | 假 | 假 | 假 | | | jià<br>holiday |
| 疼 | ⑩ 疒 疒 疒 疼 | 疼 | 疼 | 疼 | | | téng<br>ache |
| 烧 | ⑩ 火 灯 灶 炝 烧 | 烧 | 烧 | 烧 | | | shāo<br>to run a fever |

## 五、课外练习 Exercises after class

1. 给下面的词语注音,并查出它们的意思 Give *pinyin* for each of the following words and phrases, and explain their meanings

打: 打听　　打字　　打电话　　打工

假: 假日　　假条　　休假　　事假

报: 报到　　报道　　日报　　看报

163

服：舒服　　衣服　　服药　　服从

## 2. 阅读短文 Reading

你来中国一个月了，可能见过很多"新鲜"事。比如：中国人吃饭用筷子，你会用吗？在中国，家里来了客人一般吃饺子，你会包饺子吗？中国有很多自行车，骑自行车出门比较方便，你会骑吗？你想在中国旅行，最好会说汉语，你会说吗？如果这些你都不会，那么你一定要努力学习呀！

## 3. 预习（查词典给下列词语注音，并了解其意思）Preview: look up each of the following words in the dictionary, note down the *pinyin* and get to know its meaning

| 这么 | 那么 | 努力 | 表演 |
| --- | --- | --- | --- |
| ____ | ____ | ____ | ____ |
| 节目 | 进步 | 流利 | 错 |
| ____ | ____ | ____ | ____ |
| 跑步 | 运动 | 坚持 | 锻炼 |
| ____ | ____ | ____ | ____ |
| 篮球 | 为什么 | 哪里 | 电视台 |
| ____ | ____ | ____ | ____ |

# 第二十九课 Lesson Twenty-nine
## Dì - èrshíjiǔ kè

### 一、生字　Characters

| | | | | | | |
|---|---|---|---|---|---|---|
| 流 | liú | to flow | | 运 | yùn | |
| 努 | nǔ | | | 动 | dòng | to move |
| 台 | tái | stage | | 跑 | pǎo | to run |
| 演 | yǎn | to act, to perform | | 篮 | lán | basket |
| 目 | mù | item, eye | | 锻 | duàn | |
| 为 | wèi | for, to | | 炼 | liàn | |
| 错 | cuò | wrong | | 坚 | jiān | firmly |
| 步 | bù | step | | 持 | chí | to hold |

### 二、字——词——词组——句子
### Character — word — phrase — sentence

| | | | |
|---|---|---|---|
| 流——利 | 流利 | liúlì | fluent |
| 努——力 | 努力 | nǔlì | to make great efforts |
| 电视——台 | 电视台 | diànshì tái | TV station |
| 表——演 | 表演 | biǎoyǎn | to perform |
| 节——目 | 节目 | jiémù | program |
| 为——了 | 为了 | wèile | for |
| 为——什么 | 为什么 | wèi shénme | why |
| 进——步 | 进步 | jìnbù | to progress, to improve |
| 运——动 | 运动 | yùndòng | sports, exercise |
| 跑——步 | 跑步 | pǎo bù | to run |
| 篮——球 | 篮球 | lánqiú | basketball |
| 锻——炼 | 锻炼 | duànliàn | to do physical exercises |
| 坚——持 | 坚持 | jiānchí | to insist |

|  流利 |  好不好 |  怎么样 |
| :--- | :--- | :--- |
|  很流利 |  说得好不好 |  写得怎么样 |
|  说得很流利 |  汉语说得好不好 |  汉字写得怎么样 |
|  你说得很流利。 |  他汉语说得好不好？ |  你汉字写得怎么样？ |

## 三、课文  Texts

1. 会话 Conversation

玛丽：马丁，你的声调真不错。

马丁：是，我的汉字写得也很好。

玛丽：你课文念得怎么样？

马丁：念得太流利了，听力就更没问题了。

玛丽：我看你汉语学得不好。

马丁：为什么？我什么地方说得不对？

玛丽：说得都很好。可是，中国人不这样说。

马丁：是吗？那我应该怎么说？

玛丽：我说"你的声调真不错。"你应该说："哪里，哪里，还差得远呢。"

马丁：为什么要这样说？我觉得我的声调不错。

玛丽：对，你的声调很好，可是不能自己说自己好。

马丁：是吗？

### 生词  New words

| 念 | niàn | to read aloud |
| :--- | :--- | :--- |
| 差得远 | chàdeyuǎn | a far cry |

读后判断正误 Decide whether the following statements are true or false according to the above conversation

(1) 马丁的声调不错，汉字写得也很好。（　　）

(2) 马丁上听力课不问问题。（　　）

166

（3）玛丽觉得马丁汉语学得不好。（　　）

（4）跟朋友谈话的时候,不能自己说自己好。（　　）

## 2. 短文 Passage

　　早上,山田起得很早。他先去大操场跑步,然后到小操场打太极拳。他很喜欢打太极拳,打得也不错。上星期他参加了太极拳比赛,得了第二名。山田的老师说,他学得很认真,进步很快。山田说他还差得远,还要继续练,下次比赛要得第一名。

## 生词　New word

| | | |
|---|---|---|
| 得 | dé | to get,to obtain |

读后回答问题 Answer the following questions according to the above passage

（1）早上山田做什么?

（2）山田太极拳打得怎么样?

（3）上星期的太极拳比赛,山田打得好不好?

（4）山田的老师说什么?

（5）山田觉得自己怎么样?

## 四、练习　Exercises

## 1. 根据拼音写汉字 Write out the Chinese characters according to the *pinyin*

| liúlì | nǔlì | jìnbù | wèile |
|---|---|---|---|
| _____ | _____ | _____ | _____ |

| jiémù | lánqiú | pǎo bù | jiānchí |
|---|---|---|---|
| _____ | _____ | _____ | _____ |

| biǎoyǎn | yùndòng | duànliàn | diànshìtái |
|---|---|---|---|
| _____ | _____ | _____ | _____ |

2. 给下列词注音 Give *pinyin* for each of the following words

为了 进步 流利 运动 锻炼

_____ _____ _____ _____ _____

跑步 坚持 电视 努力 表演

_____ _____ _____ _____ _____

演员 演出 动物 目前 错字
（actor） （show） （animal） （at the present）（wrong character）

_____ _____ _____ _____ _____

3. 描出下列汉字中与左边相同的部分 Trace in the following Chinese characters the
same components as those in the left column

火： 谈 炼 灰 灾 伙

卩： 节 却 即 卫 印

目： 睡 冒 想 看 眼

厶： 台 去 动 么 能

4. 描、写汉字 Trace and copy the following Chinese characters

| 流 | ⑩ 氵 氵 氵 氵 氵 氵<br>流 | 流 | 流 | 流 | | | liú<br>to flow |
|---|---|---|---|---|---|---|---|
| 篮 | ⑯ 𥫗 篮 | 篮 | 篮 | 篮 | | | lán<br>basket |
| 努 | ⑦ 女 奴 努 | 努 | 努 | 努 | | | nǔ |
| 台 | ⑤ 厶 厶 台 | 台 | 台 | 台 | | | tái<br>stage |
| 演 | ⑭ 氵 氵 氵 氵 氵<br>氵 演 演 演 | 演 | 演 | 演 | | | yǎn<br>to perform |

168

| 目 | ⑤ 丨 冂 月 目 | 目 | 目 | 目 | | | | mù<br>item, eye |
|---|---|---|---|---|---|---|---|---|
| 为 | ④ 丶 ソ 为 为 | 为 | 为 | 为 | | | | wèi<br>for |
| 错 | ⑬ 钅 错 | 错 | 错 | 错 | | | | cuò<br>wrong |
| 步 | ⑦ 丨 卜 止 步 步<br>   步 步 | 步 | 步 | 步 | | | | bù<br>step |
| 运 | ⑦ 二 云 云 运 | 运 | 运 | 运 | | | | yùndòng<br>sport |
| 动 | ⑥ 云 动 | 动 | 动 | 动 | | | | |
| 锻 | ⑭ 钅 钅 钅 铒 锻 | 锻 | 锻 | 锻 | | | | duànliàn<br>to do physical<br>exercises |
| 炼 | ⑨ 火 炼 | 炼 | 炼 | 炼 | | | | |
| 坚 | ⑦ 刂 ⺊ 坚 | 坚 | 坚 | 坚 | | | | jiānchí<br>to insist |
| 持 | ⑨ 扌 持 | 持 | 持 | 持 | | | | |

## 五、课外练习　Exercises after class

1. 用下面的字按独体字、合体字分类 Sort out the following Chinese characters according to
   their structures

   流　台　错　篮　运　演　动　跑
   为　了　进　步　目　坚　持　准

   独体字：_____

   合体字：_____

2. 朗读 Read aloud the following dialogues

   (1) A：你汉语说得不错。

   　　B：哪里，哪里。

   (2) A：你的汉语发音有很大进步。

B:还差得远呢。

(3) A:我汉语说得怎么样?

B:你说得很流利,发音也很准。

(4) A:他课文念得流利不流利?

B:他念得很流利。

## 3. 阅读短文 Reading

汉语是中国人使用的主要语言。现代汉语的标准语是"普通话"。汉字是记录汉语的文字。汉字是由笔画构成的。一个汉字一般是一个音节。现代汉语常用字有3500个左右。

## 4. 预习(查词典给下列词语注音,并了解其意思) Preview: look up each of the following words in the dictionary, note down the *pinyin* and get to know its meaning

流利       各        帮助       姑娘       个子

_____  _____  _____  _____  _____

头发       眼睛       漂亮       演出       认真

_____  _____  _____  _____  _____

成绩       晚会       习惯       不同

_____  _____  _____  _____

## 一、生字  **Characters**

| | | | | | | |
|---|---|---|---|---|---|---|
| 洲 | zhōu | continent | 认 | rèn | to recognize |
| 帮 | bāng | to help, to assist | 真 | zhēn | real, true |
| 助 | zhù | to help, to aid | 成 | chéng | achievement, result |
| 姑 | gū | aunt | 绩 | jì | achievement |
| 娘 | niáng | mother | 惯 | guàn | |
| 眼 | yǎn | eye | 各 | gè | each, every |
| 睛 | jīng | eyeball | 亚 | Yà | Asia |
| 漂 | piào | | 欧 | Ōu | Europe |
| 亮 | liàng | bright | 澳 | Ào | Australia |

## 二、字──词──词组  **Character — word — phrase**

| | | | |
|---|---|---|---|
| 帮──助 | 帮助 | bāngzhù | to help |
| 姑──娘 | 姑娘 | gūniang | girl |
| 眼──睛 | 眼睛 | yǎnjing | eye |
| 漂──亮 | 漂亮 | piàoliang | pretty |
| 认──真 | 认真 | rènzhēn | conscientious |
| 成──绩 | 成绩 | chéngjì | achievement |
| 习──惯 | 习惯 | xíguàn | habit |
| 亚──洲 | 亚洲 | Yàzhōu | Asia |
| 非──洲 | 非洲 | Fēizhōu | Africa |
| 欧──洲 | 欧洲 | Ōuzhōu | Europe |
| 澳──洲 | 澳洲 | Àozhōu | Australia |
| 美──洲 | 美洲 | Měizhōu | America |

171

## 三、课文　Texts

1. 会话 Conversation

张丽：妈妈，来客人了。

妈妈：丽丽，谁来了？

张丽：妈妈，你看，这是我的美国朋友安娜。安娜，这是我妈妈。

安娜：您好。

妈妈：你好。欢迎，欢迎。快请进。请坐吧。

安娜：谢谢。张丽，这个小姑娘是谁？

张丽：这是我姐姐的女儿，叫小红。

安娜：你好，小红。

小红：你好。

安娜：真可爱。眼睛大大的，真漂亮。你几岁了？

小红：7岁，我上小学二年级了。

安娜：是吗？你的学习成绩一定很好吧？

张丽：她学习很好。考试成绩常常是第一名。

妈妈：来，来，先别说了，吃点儿水果。

安娜：谢谢您。

妈妈：别客气。你汉语说得不错。

安娜：不行，还差得远呢！

妈妈：丽丽，今天让安娜在咱们家吃饭吧，咱们包饺子。

张丽：安娜，怎么样？

安娜：好吧，我很爱吃饺子。

**生词　New words**

| | | |
|---|---|---|
| 客人 | kèren | guest |
| 女儿 | nǚ'ér | daughter |
| 可爱 | kě'ài | lovely |

172

| 上 | shàng | to attend school, be at school |
| 小学 | xiǎoxué | primary school |
| 考试 | kǎoshì | examination |
| 别 | bié | do not |
| 水果 | shuǐguǒ | fruit |

读后判断正误 Decide whether the following statements are true or false according to the above conversation

(1) 安娜是美国人。(　　)

(2) 安娜以前认识张丽的妈妈。(　　)

(3) 张丽姐姐的女儿叫小红。(　　)

(4) 安娜说要跟小红一起学习。(　　)

(5) 张丽的妈妈请安娜在她家吃饺子。(　　)

2. 短文 Passage

　　北京语言文化大学是一所专门教外国人汉语的学校。每年都有来自世界五大洲的几千名留学生在这里学习汉语,有人叫它"小联合国"。

　　学校设有汉语学院、文化学院、汉语速成学院、外语学院等。

　　北京语言文化大学的对外汉语教学历史最长,规模最大。全校700多名教师中,教授、副教授有300名左右。这里已经成为中国对外汉语教学和研究的一个基地。

生词　**New words**

| 专门 | zhuānmén | special |
| 联合国 | liánhéguó | the United Nations |
| 设有 | shèyǒu | to set up |
| 速成 | sùchéng | short-term training |
| 规模 | guīmó | scope |
| 副 | fù | assistant |
| 成为 | chéngwéi | to become |

173

| 研究 | yánjiū | to study |
|------|--------|----------|
| 基地 | jīdì | base |

读后回答问题 Answer the following questions according to the above passage

(1) 北京语言文化大学是什么学校?

(2) 为什么说它是"小联合国"?

(3) 学校设有几个学院?

(4) 这里的对外汉语教学怎么样?

## 四、练习 Exercises

1. 根据拼音写汉字 Write out the Chinese characters according to the *pinyin*

yǎnjing    piàoliang    bāngzhù    rènzhēn    gūniang

_____    _____    _____    _____    _____

xíguàn    chéngjì    Yàzhōu    Ōuzhōu    Àozhōu

_____    _____    _____    _____    _____

2. 给下列词注音 Give *pinyin* for each of the following words

认真    成绩    帮助    漂亮    姑娘

_____    _____    _____    _____    _____

习惯    眼睛    欧洲    亚洲    非洲

_____    _____    _____    _____    _____

美洲    澳洲    帮忙          认为
                         (to do a favour)    (to think)

_____    _____    _____    _____

明亮          成功          各种          真正
(bright)      (success)     (various)     (genuine)

_____    _____    _____    _____

174

## 3. 描、写汉字 Trace and copy the following Chinese characters

| | | | | | | | |
|---|---|---|---|---|---|---|---|
| 洲 | ⑨氵 氵 沙 沙 洲 洲 | 洲 | 洲 | 洲 | | | zhōu continent |
| 帮 | ⑨一 三 三 丰 邦 帮 | 帮 | 帮 | 帮 | | | bāngzhù to help |
| 助 | ⑦且 助 | 助 | 助 | 助 | | | |
| 姑 | ⑧女 妵 姑 | 姑 | 姑 | 姑 | | | gūniang girl |
| 娘 | ⑩女 妒 娘 | 娘 | 娘 | 娘 | | | |
| 眼 | ⑪目 眼 | 眼 | 眼 | 眼 | | | yǎnjing eye |
| 睛 | ⑬目 睛 | 睛 | 睛 | 睛 | | | |
| 漂 | ⑭氵 漂 | 漂 | 漂 | 漂 | | | piàoliang pretty |
| 亮 | ⑨亠 言 亮 亮 | 亮 | 亮 | 亮 | | | |
| 认 | ④讠 认 | 认 | 认 | 认 | | | rènzhēn conscientious |
| 真 | ⑨直 真 | 真 | 真 | 真 | | | |
| 成 | ⑥一 厂 厂 成 成 成 | 成 | 成 | 成 | | | chéngjì result |
| 绩 | ⑪纟 纩 结 结 绩 | 绩 | 绩 | 绩 | | | |
| 惯 | ⑪忄 忄 忓 惯 惯 | 惯 | 惯 | 惯 | | | guàn habit |
| 各 | ⑥夂 各 | 各 | 各 | 各 | | | gè each |
| 亚 | ⑥一 丌 丌 亚 亚 | 亚 | 亚 | 亚 | | | Yà Asia |
| 欧 | ⑧一 丆 区 区 欧 | 欧 | 欧 | 欧 | | | Ōu Europe |
| 澳 | ⑮氵 氵 沪 沪 澳 澳 | 澳 | 澳 | 澳 | | | Ào Australia |

4. 找出下列每组汉字中相同的部分　Find the shared component in each group of the following Chinese characters

＿＿＿＿＿＿：去　坐　坚　地　持

＿＿＿＿＿＿：条　处　各　客　图

＿＿＿＿＿＿：眼　看　想　睛　箱

＿＿＿＿＿＿：玩　远　完　院　园

＿＿＿＿＿＿：带　币　帮　师　帽

＿＿＿＿＿＿：灯　烧　谈　灰　伙

5. 用下列汉字组词　Make words or phrases with the following characters

| 聊 | 洗 | 睡 | 年 | 集 | 京 | 爱 | 非 | 特 | 输 |
|---|---|---|---|---|---|---|---|---|---|
| 足 | 博 | 舒 | 开 | 发 | 头 | 流 | 演 | 运 | 动 |
| 利 | 疼 | 烧 | 始 | 服 | 物 | 馆 | 兴 | 入 | 别 |
| 好 | 剧 | 觉 | 认 | 成 | 澡 | 天 | 请 | 跑 | 锻 |
| 合 | 级 | 帮 | 姑 | 眼 | 漂 | 绩 | 真 | 亮 | 睛 |
| 助 | 持 | 炼 | 步 | 球 | 假 | 成 | 习 | 进 | 自 |
| 目 | 己 | 惯 | 绩 | 高 | 出 | 常 | 坚 | 娘 | 了 |

＿＿＿＿＿　＿＿＿＿＿　＿＿＿＿＿　＿＿＿＿＿　＿＿＿＿＿

＿＿＿＿＿　＿＿＿＿＿　＿＿＿＿＿　＿＿＿＿＿　＿＿＿＿＿

＿＿＿＿＿　＿＿＿＿＿　＿＿＿＿＿　＿＿＿＿＿　＿＿＿＿＿

＿＿＿＿＿　＿＿＿＿＿　＿＿＿＿＿　＿＿＿＿＿　＿＿＿＿＿

＿＿＿＿＿　＿＿＿＿＿　＿＿＿＿＿　＿＿＿＿＿　＿＿＿＿＿

＿＿＿＿＿　＿＿＿＿＿　＿＿＿＿＿　＿＿＿＿＿　＿＿＿＿＿

## 五、课外练习  **Exercises after class**

1. 选字填空  Fill in the blank with the appropriate character given in the brackets

    (1) 山田会打＿＿＿极拳。(大,太)

    (2) ＿＿＿这儿到博物馆不太远。(从,以)

    (3) 你喜欢什么运＿＿＿?(动,助)

    (4) 一直＿＿＿前走,到红绿灯往右拐。(往,住)

    (5) 他每天坚持锻＿＿＿。(练,炼)

    (6) 今天的晚会有什么节＿＿＿?(日,目)

    (7) 她＿＿＿火车去上海。(座,坐)

    (8) 这个小孩真＿＿＿亮。(票,漂)

    (9) 他是哪国＿＿＿?(入,人)

    (10) 欢迎来自世界＿＿＿国的朋友。(各,个)

2. 阅读短文  Reading

    清晨,在学校的操场上,你会看到很多人在锻炼身体。他们有的跑步,有的打太极拳,还有的在练气功。

    玛丽每天早上都打太极拳。她打得非常认真。教她的老师说,玛丽学得很快,动作也很准确。玛丽说她很喜欢中国的武术,以后她还要学习太极剑。

    山田对中国的气功很感兴趣,他正在跟一个中国老师学习气功。每天早上,他都在花园后边的树林里练气功。他说那儿人少,安静,空气也好。

    我喜欢跑步。早上,我先做做准备活动,然后到运动场上跑四圈。我觉得跑步运动量比较大,对全身都有好处。

# 汉 字 总 表

（本表所列汉字均为本册书中教写过的）

## A

| 爱 | ài | (26) | 澳 | ào | (30) |
| 安 | ān | (18) | | | |

## B

| 八 | bā | (1) | 备 | bèi | (23) |
| 巴 | bā | (2) | 本 | běn | (2) |
| 爸 | bà | (6) | 比 | bǐ | (14) |
| 吧 | ba | (2) | 笔 | bǐ | (12) |
| 白 | bái | (1) | 币 | bì | (10) |
| 百 | bǎi | (10) | 边 | biān | (4) |
| 班 | bān | (14) | 遍 | biàn | (28) |
| 办 | bàn | (2) | 表 | biǎo | (21) |
| 半 | bàn | (25) | 别 | bié | (9) |
| 帮 | bāng | (30) | 博 | bó | (27) |
| 包 | bāo | (8) | 不 | bù | (1) |
| 报 | bào | (18) | 步 | bù | (29) |
| 北 | běi | (14) | | | |

## C

| 参 | cān | (21) | 吃 | chī | (8) |
| 茶 | chá | (5) | 持 | chí | (29) |
| 查 | chá | (19) | 出 | chū | (25) |
| 差 | chà | (25) | 床 | chuáng | (5) |
| 常 | cháng | (19) | 词 | cí | (15) |
| 场 | chǎng | (27) | 磁 | cí | (15) |
| 唱 | chàng | (26) | 次 | cì | (28) |
| 成 | chéng | (30) | 从 | cóng | (27) |

错　　　cuò　　　　　　（29）

# D

| | | | | | |
|---|---|---|---|---|---|
| 大 | dà | （1） | 弟 | dì | （6） |
| 代 | dài | （21） | 典 | diǎn | （15） |
| 带 | dài | （15） | 点 | diǎn | （16） |
| 但 | dàn | （18） | 电 | diàn | （11） |
| 蛋 | dàn | （8） | 店 | diàn | （4） |
| 当 | dāng | （21） | 定 | dìng | （23） |
| 导 | dǎo | （21） | 东 | dōng | （2） |
| 到 | dào | （27） | 动 | dòng | （29） |
| 道 | dào | （11） | 都 | dōu | （12） |
| 德 | dé | （12） | 读 | dú | （14） |
| 的 | de | （9） | 短 | duǎn | （22） |
| 得 | de | （14） | 锻 | duàn | （29） |
| 灯 | dēng | （27） | 对 | duì | （13） |
| 等 | děng | （10） | 多 | duō | （9） |
| 地 | dì | （27） | | | |

# E

| | | | | | |
|---|---|---|---|---|---|
| 儿 | ér | （4） | 二 | èr | （4） |

# F

| | | | | | |
|---|---|---|---|---|---|
| 发 | fā | （7） | 非 | fēi | （26） |
| 法 | fǎ | （12） | 肥 | féi | （22） |
| 翻 | fān | （21） | 分 | fēn | （22） |
| 反 | fǎn | （2） | 封 | fēng | （12） |
| 饭 | fàn | （8） | 服 | fú | （15） |
| 方 | fāng | （2） | 辅 | fǔ | （21） |
| 房 | fáng | （18） | 复 | fù | （19） |

# G

| | | | | | |
|---|---|---|---|---|---|
| 概 | gài | （17） | 刚 | gāng | （16） |
| 感 | gǎn | （26） | 高 | gāo | （26） |
| 干 | gàn | （2） | 哥 | gē | （6） |

| 个 | gè | （9） | 关 | guān | （13） |
|---|---|---|---|---|---|
| 各 | gè | （30） | 观 | guān | （21） |
| 给 | gěi | （10） | 馆 | guǎn | （12） |
| 跟 | gēn | （19） | 惯 | guàn | （30） |
| 工 | gōng | （2） | 柜 | guì | （18） |
| 公 | gōng | （2） | 贵 | guì | （7） |
| 共 | gòng | （9） | 国 | guó | （7） |
| 姑 | gū | （30） | 果 | guǒ | （9） |
| 瓜 | guā | （9） | 裹 | guǒ | （21） |
| 拐 | guǎi | （27） | 过 | guò | （23） |

## H

| 还 | hái | （9） | 后 | hòu | （26） |
|---|---|---|---|---|---|
| 韩 | Hán | （12） | 候 | hòu | （19） |
| 汉 | Hàn | （3） | 化 | huà | （14） |
| 行 | háng | （10） | 画 | huà | （18） |
| 好 | hǎo | （2） | 话 | huà | （11） |
| 号 | hào | （11） | 欢 | huān | （6） |
| 喝 | hē | （6） | 换 | huàn | （10） |
| 合 | hé | （20） | 黄 | huáng | （16） |
| 和 | hé | （13） | 回 | huí | （6） |
| 盒 | hé | （15） | 会 | huì | （10） |
| 黑 | hēi | （16） | 活 | huó | （24） |
| 很 | hěn | （7） | 或 | huò | （19） |
| 红 | hóng | （16） | | | |

## J

| 鸡 | jī | （8） | 寄 | jì | （21） |
|---|---|---|---|---|---|
| 级 | jí | （25） | 绩 | jì | （30） |
| 极 | jí | （28） | 加 | jiā | （23） |
| 集 | jí | （25） | 家 | jiā | （11） |
| 几 | jǐ | （3） | 假 | jià | （28） |
| 己 | jǐ | （26） | 架 | jià | （18） |
| 纪 | jì | （21） | 间 | jiān | （18） |

| | | | | | | |
|---|---|---|---|---|---|---|
| 坚 | jiān | (29) | 近 | jìn | | (16) |
| 见 | jiàn | (3) | 京 | jīng | | (14) |
| 件 | jiàn | (15) | 经 | jīng | | (17) |
| 角 | jiǎo | (22) | 睛 | jīng | | (30) |
| 饺 | jiǎo | (8) | 净 | jìng | | (18) |
| 叫 | jiào | (7) | 静 | jìng | | (18) |
| 较 | jiào | (14) | 九 | jiǔ | | (3) |
| 教 | jiào | (13) | 久 | jiǔ | | (12) |
| 节 | jié | (4) | 酒 | jiǔ | | (8) |
| 姐 | jiě | (10) | 旧 | jiù | | (15) |
| 介 | jiè | (13) | 就 | jiù | | (23) |
| 借 | jiè | (19) | 局 | jú | | (6) |
| 今 | jīn | (6) | 橘 | jú | | (9) |
| 斤 | jīn | (9) | 举 | jǔ | | (23) |
| 紧 | jǐn | (24) | 剧 | jù | | (26) |
| 进 | jìn | (6) | 觉 | jué | | (14) |

### K

| | | | | | | |
|---|---|---|---|---|---|---|
| 开 | kāi | (16) | 课 | kè | | (20) |
| 看 | kàn | (18) | 口 | kǒu | | (1) |
| 可 | kě | (28) | 块 | kuài | | (9) |
| 刻 | kè | (25) | 快 | kuài | | (23) |
| 客 | kè | (10) | | | | |

### L

| | | | | | | |
|---|---|---|---|---|---|---|
| 来 | lái | (20) | 力 | lì | | (20) |
| 蓝 | lán | (16) | 利 | lì | | (13) |
| 篮 | lán | (29) | 俩 | liǎ | | (13) |
| 览 | lǎn | (24) | 练 | liàn | | (14) |
| 老 | lǎo | (5) | 聊 | liáo | | (25) |
| 了 | le | (12) | 料 | liào | | (19) |
| 离 | lí | (27) | 炼 | liàn | | (29) |
| 礼 | lǐ | (24) | 两 | liǎng | | (9) |
| 里 | lǐ | (18) | 亮 | liàng | | (30) |
| 理 | lǐ | (17) | 辆 | liàng | | (16) |

| | | | | | | |
|---|---|---|---|---|---|---|
| 留 | liú | (13) | 旅 | lǚ | (21) | |
| 流 | liú | (29) | 律 | lǜ | (17) | |
| 楼 | lóu | (11) | 绿 | lǜ | (16) | |
| 录 | lù | (20) | | | | |

## M

| | | | | | | |
|---|---|---|---|---|---|---|
| 妈 | mā | （6） | 每 | měi | (24) | |
| 马 | mǎ | （1） | 美 | měi | （7） | |
| 码 | mǎ | (11) | 妹 | mèi | （6） | |
| 吗 | ma | （2） | 门 | mén | （2） | |
| 买 | mǎi | （9） | 们 | men | (13) | |
| 卖 | mài | (22) | 米 | mǐ | （8） | |
| 馒 | mán | （8） | 面 | miàn | （8） | |
| 忙 | máng | (16) | 民 | mín | (10) | |
| 毛 | máo | （9） | 名 | míng | （7） | |
| 贸 | mào | (17) | 明 | míng | （6） | |
| 么 | me | （5） | 目 | mù | (29) | |
| 没 | méi | (13) | | | | |

## N

| | | | | | | |
|---|---|---|---|---|---|---|
| 拿 | ná | (21) | 你 | nǐ | （2） | |
| 哪 | nǎ | （7） | 年 | nián | (25) | |
| 那 | nà | （5） | 念 | niàn | (21) | |
| 难 | nán | （7） | 娘 | niáng | (30) | |
| 脑 | nǎo | (24) | 您 | nín | (10) | |
| 呢 | ne | (11) | 努 | nǔ | (29) | |
| 能 | néng | (28) | 女 | nǚ | （1） | |

## O

| | | | |
|---|---|---|---|
| 欧 | Ōu | (30) | |

## P

| | | | | | | |
|---|---|---|---|---|---|---|
| 派 | pài | (26) | 皮 | pí | (22) | |
| 跑 | pǎo | (29) | 啤 | pí | （8） | |
| 朋 | péng | （5） | 便 | pián | (22) | |

| | | | | | | |
|---|---|---|---|---|---|---|
| 心 | xīn | （3） | 星 | xīng | （23） | |
| 新 | xīn | （14） | 姓 | xìng | （7） | |
| 信 | xìn | （6） | 休 | xiū | （19） | |
| 兴 | xīng | （26） | 学 | xué | （3） | |

## Y

| | | | | | |
|---|---|---|---|---|---|
| 亚 | yà | （30） | 迎 | yíng | （6） |
| 言 | yán | （14） | 影 | yǐng | （19） |
| 颜 | yán | （16） | 用 | yòng | （5） |
| 眼 | yǎn | （30） | 邮 | yóu | （6） |
| 演 | yǎn | （29） | 友 | yǒu | （5） |
| 宴 | yàn | （23） | 有 | yǒu | （15） |
| 样 | yàng | （16） | 又 | yòu | （5） |
| 药 | yào | （15） | 右 | yòu | （27） |
| 要 | yào | （8） | 余 | yú | （26） |
| 也 | yě | （4） | 愉 | yú | （24） |
| 一 | yī | （1） | 雨 | yǔ | （15） |
| 医 | yī | （17） | 语 | yǔ | （3） |
| 衣 | yī | （15） | 育 | yù | （20） |
| 宜 | yí | （22） | 预 | yù | （19） |
| 以 | yǐ | （22） | 元 | yuán | （10） |
| 椅 | yǐ | （18） | 员 | yuán | （17） |
| 译 | yì | （21） | 远 | yuǎn | （27） |
| 易 | yì | （7） | 院 | yuàn | （17） |
| 意 | yì | （13） | 月 | yuè | （23） |
| 音 | yīn | （7） | 乐 | yuè | （20） |
| 银 | yín | （10） | 阅 | yuè | （20） |
| 英 | yīng | （12） | 运 | yùn | （29） |

## Z

| | | | | | |
|---|---|---|---|---|---|
| 再 | zài | （4） | 长 | zhǎng | （13） |
| 在 | zài | （4） | 找 | zhǎo | （11） |
| 早 | zǎo | （25） | 照 | zhào | （17） |
| 澡 | zǎo | （25） | 者 | zhě | （19） |
| 怎 | zěn | （16） | 这 | zhè | （5） |
| 张 | zhāng | （24） | 真 | zhēn | （30） |

| | | | | | | |
|---|---|---|---|---|---|---|
| 正 | zhèng | (20) | 资 | zī | (19) |
| 枝 | zhī | (12) | 子 | zǐ | (4) |
| 知 | zhī | (11) | 自 | zì | (16) |
| 直 | zhí | (27) | 字 | zì | (4) |
| 职 | zhí | (17) | 综 | zōng | (20) |
| 只 | zhǐ | (17) | 走 | zǒu | (19) |
| 纸 | zhǐ | (24) | 足 | zú | (27) |
| 种 | zhǒng | (22) | 最 | zuì | (16) |
| 洲 | zhōu | (30) | 左 | zuǒ | (27) |
| 助 | zhù | (30) | 作 | zuò | (16) |
| 住 | zhù | (11) | 坐 | zuò | (6) |
| 祝 | zhù | (23) | 座 | zuò | (27) |
| 准 | zhǔn | (23) | 做 | zuò | (17) |
| 桌 | zhuō | (18) | | | |

# 词 汇 表

(本表所列词汇均为本册书内课文中出现的)

## B

| 班 | bān | duty | (25) |
| 帮助 | bāngzhù | to help | (28) |
| 包 | bāo | to wrap | (30) |
| 报纸 | bàozhǐ | newspaper | (20) |
| 表演 | biǎoyǎn | to perform, to play | (26) |
| 别 | bié | do not | (30) |
| 兵马俑 | bīngmǎyǒng | clay figures of warriors and horses buried with the dead | (26) |
| 病 | bìng | ill, sick | (12) |
| 补课 | bǔ kè | to make up a missed lesson | (12) |
| 不错 | búcuò | O.K., not bad | (15) |

## C

| 菜 | cài | vegetable | (25) |
| 操场 | cāochǎng | sports ground | (28) |
| 差不多 | chà bu duō | almost | (24) |
| 差得远 | chà de yuǎn | a far cry | (29) |
| 长短 | chángduǎn | length | (22) |
| 常常 | chángcháng | often | (18) |
| 唱 | chàng | to sing | (23) |
| 成为 | chéngwéi | to become | (30) |
| 穿 | chuān | to put on, to wear | (22) |
| 次 | cì | (a measure word) time | (19) |

## D

| 大使馆 | dàshǐguǎn | embassy | (20) |
| 带 | dài | to bring, to take | (24) |
| 蛋糕 | dàngāo | cake | (23) |
| 得 | dé | to get, to obtain | (29) |

| 地方 | dìfang | place | (21) |
| 第一 | dì-yī | first | (19) |
| 点 | diǎn | o'clock | (20) |
| 懂 | dǒng | to understand | (12) |
| 都 | dōu | all | (6) |

## F

| 放心 | fàng xīn | don't worry | (21) |
| 房间 | fángjiān | house | (15) |
| 饭馆 | fànguǎn | restaurant | (25) |
| 服装 | fúzhuāng | dress, costume | (22) |
| 副 | fù | assistant | (30) |

## G

| 高兴 | gāoxìng | glad | (7) |
| 歌 | gē | song | (23) |
| 各 | gè | each | (21) |
| 给 | gěi | for | (12) |
| 更 | gèng | more | (14) |
| 功夫 | gōngfu | skill, art | (26) |
| 关于 | guānyú | about | (19) |
| 规模 | guīmó | scope | (30) |

## H

| 好听 | hǎotīng | pleasant to hear | (26) |
| 猴 | hóu | monkey | (23) |
| 花 | huā | to spend | (22) |
| 还 | huán | to return | (19) |
| 会 | huì | may | (24) |

## J

| 基地 | jīdì | base | (30) |
| ……极了 | jíle | extremely | (18) |
| 记 | jì | to remember | (24) |
| 记者 | jìzhě | reporter, journalist | (26) |
| 继续 | jìxù | to continue | (28) |
| 寄 | jì | to post | (20) |

| 家 | jiā | family | （6） |
| 见面 | jiàn miàn | to meet | （20） |

## K

| 咖啡 | kāfēi | coffee | （18） |
| 开 | kāi | to hold | （23） |
| 开始 | kāishǐ | to begin | （24） |
| 考试 | kǎoshì | examination | （30） |
| 可爱 | kě'ài | lovely | （30） |
| 可口可乐 | kěkǒukělè | Coca Cola | （18） |
| 可是 | kěshì | but | （14） |
| 可以 | kěyǐ | can, may | （21） |
| 可以 | kěyǐ | passable, not bad | （22） |
| 客人 | kèren | guest | （30） |
| 夸奖 | kuājiǎng | to praise | （18） |
| 矿泉水 | kuàngquánshuǐ | mineral water | （8） |

## L

| 历史 | lìshǐ | history | （19） |
| 联合国 | liánhéguó | the United Nations | （30） |
| 凉 | liáng | cool | （18） |
| 礼物 | lǐwù | present, gift | （23） |
| 了解 | liǎojiě | to understand | （28） |

## M

| 买到 | mǎi dào | to have bought | （22） |
| 没问题 | méi wèntí | no problem | （21） |
| 每天 | měitiān | everyday | （14） |
| 门口 | ménkǒu | entrance | （20） |
| 米 | mǐ | meter | （27） |
| 秘密 | mìmì | secret | （23） |
| 名 | míng | (a measure word for man) | （26） |
| 名胜古迹 | míngshèng gǔjì | scenic spots and historical sites | （26） |

## N

| 能 | néng | can | （24） |
| 年龄 | niánlíng | age | （23） |

| 念 | niàn | to read aloud | (29) |
|---|---|---|---|
| 女儿 | nǚ'ér | daughter | (30) |

## P

| 跑步 | pǎo bù | to run | (28) |
|---|---|---|---|
| 篇 | piān | (a measure word) | (19) |
| 漂亮 | piàoliang | beautiful | (22) |

## Q

| 起床 | qǐ chuáng | to get up | (20) |
|---|---|---|---|

## R

| 然后 | ránhòu | then | (20) |
|---|---|---|---|
| 认 | rèn | to recognize | (24) |
| 认识 | rènshi | to know | (7) |
| 认真 | rènzhēn | conscientious, serious | (28) |

## S

| 山水 | shānshuǐ | scenery with hills and waters | (26) |
|---|---|---|---|
| 上 | shàng | last | (12) |
| 上 | shàng | to attend school | (30) |
| 上课 | shàng kè | to attend classes | (12) |
| 上星期 | shàngxīngqī | last week | (21) |
| 设有 | shèyǒu | to set up | (30) |
| 身体 | shēntǐ | body | (6) |
| 生产 | shēngchǎn | to produce | (22) |
| 市场 | shìchǎng | market | (25) |
| 收到 | shōu dào | to receive | (24) |
| 手表 | shǒubiǎo | watch | (23) |
| 售货员 | shòuhuòyuán | shop assistant | (22) |
| 束 | shù | (a measure word) bunch | (23) |
| 水果 | shuǐguǒ | fruit | (30) |
| 送 | sòng | to send | (23) |
| 速成 | sùchéng | short-term training | (30) |

## T

| 太……了 | tài…le | extremely | (28) |
|---|---|---|---|

| 桃 | táo | peach | （9） |
| 特别 | tèbié | specially | （24） |
| 同班 | tóngbān | the same class | （26） |
| 同屋 | tóngwū | roommate | （15） |

# W

| 玩具 | wánjù | toy | （23） |
| 晚会 | wǎnhuì | party | （23） |
| 为 | wèi | for, to | （23） |
| 文章 | wénzhāng | article | （19） |
| 问题 | wèntí | problem | （21） |
| 喂 | wèi | hello | （24） |

# X

| 习惯 | xíguàn | habit | （24） |
| 下（班） | xià（bān） | to finish work | （25） |
| 现在 | xiànzài | now | （12） |
| 想 | xiǎng | to want | （19） |
| 小姐 | xiǎojiě | Miss | （9） |
| 小时 | xiǎoshí | hour | （25） |
| 小说 | xiǎoshuō | novel | （18） |
| 小学 | xiǎoxué | primary school | （30） |
| 星期 | xīngqī | week | （12） |

# Y

| 研究 | yánjiū | to study | （30） |
| 样子 | yàngzi | shape, model | （22） |
| 药酒 | yàojiǔ | medicine wine | （15） |
| 一般 | yìbān | generally | （23） |
| 一样 | yíyàng | same | （24） |
| 以后 | yǐhòu | after | （20） |
| 已经 | yǐjīng | already | （24） |
| 应该 | yīnggāi | should | （24） |
| 有意思 | yǒu yìsi | interesting | （24） |

| 愉快 | yúkuài | cheerful | (23) |
| 语法 | yǔfǎ | grammar | (12) |
| 远 | yuǎn | far | (20) |
| 运动场 | yùndòngchǎng | sports ground | (27) |

## Z

| 再 | zài | in addition | (9) |
| 怎么 | zěnme | why | (28) |
| 怎么样 | zěnmeyàng | how | (15) |
| 展览 | zhǎnlǎn | to exhibit | (28) |
| 这么 | zhème | so, such | (13) |
| 这样 | zhèyàng | so | (21) |
| 真 | zhēn | really, indeed | (18) |
| 整理 | zhěnglǐ | to put in order | (18) |
| 正在 | zhèngzài | (to indicate an action in progress) | (19) |
| 专门 | zhuānmén | special | (30) |
| 总 | zǒng | always | (18) |
| 最 | zuì | most | (14) |
| 左右 | zuǒyòu | about | (25) |
| 作业 | zuòyè | homework | (20) |
| 做饭 | zuò fàn | cook | (25) |

# 专 有 名 词

| 安娜 | Ānnà | name of a person | (7) |
| 故宫 | Gùgōng | the Forbidden City | (26) |
| 桂林 | Guìlín | name of a city (Guilin) | (26) |
| 玛丽 | Mǎlì | name of a person | (10) |
| 田中 | Tiánzhōng | name of a person | (7) |
| 西安 | Xī'ān | name of a city (Xi'an) | (26) |
| 西湖 | Xīhú | the West Lake (in Hangzhou) | (26) |
| 颐和园 | Yíhéyuán | the Summer Palace | (26) |